JN023953

大岩川源太の

株トレード

基礎技術

ワンランク上を
目指す独習ガイド

大岩川源太

イラスト 平戸三平

ダイヤモンド社

はじめに

　株式投資ブームが過熱するなかで、「株式投資入門」「株式投資で成功する方法」といった内容の書籍が多数刊行されるようになりました。多くの人が「どうすれば手っ取り早く大金を稼げるか」を考えている一方で、**そのような株式投資の「取り扱い説明書」たる基本的な内容を、どれだけの人が理解しているものでしょうか？**　実際には「儲かる方法」ばかりを追い求める人が大半で、株式投資の基本を習得しないまま市場に挑み、残念な結果に終わる人が多いように見受けられます。

　ただ、みなさんに問いたいのは、**「銘柄を当てたいのか、お金持ちになりたいのか、あなたはどちらなのか？」**ということです。たとえば古代中国の劉邦にしても、戦国時代の豊臣秀吉にしても、戦で勝った数は少なく、ただただ大勢を見極めて最終的に天下を取っていますね。私はそれでいいと思っています。その考え方を伝えることを本書では目指しています。

　株式投資の仕組みを知らなければ、利益を得ることは決してできません。これはあらゆる物事にいえることで、プラモデルを作るときにも、最初に説明書を読むものです。作りたいプラモデルの設計や構造を知らず、完成写真ばかりを見てフィーリングで組み立てていくだけでは、完成できるはずはありません。

　株式市場は、誰もに門戸を開いていて、投資家全員に儲かるチャンスがあります。しかしそれに気づかない人が多いのは、とても残念なことです。

　たとえば、市場が9時から始まるということは、みなさんもご存じでしょう。この時間から売り買いが始まるとすれば、その前から動きを決めておく必要がありますから、1日のスケジュールが重要となります。**日中働いている人でも、「仕事中だから……」とあきらめず、市場の動くリズムを知り、チェックする時間帯を変えるだけで成績も変わってくるはずです。**

　この視点を持てば、機関投資家や個人投資家、海外投資家がどう動くかも見えてきて、日単位のみならず月単位、年単位のスケジュールも見えてくるようになります。いわば、**「自分の都合」を押しつけるのではなく「市場の都合」や「投資の主体者」を把握し**、それらに合わせて成功を掴みにいかなければな

りません。

　この「投資主体者」と「市場の入り方」については本書で詳しくお話ししますが、人付き合いと一緒で、**自分を押しつけるだけではよい結果は出ません。**相手に合わせることも大事であり、そのためには、まずは相手を知ることが重要ですよね。人付き合いでは大多数の人が当たり前にできているのに、お金儲けとなると途端にできなくなるのはなぜでしょうか？　同じように、会社での仕事や趣味では他人に負けないくらいの知識を仕入れるのに、「資産運用」となると銀行に預けるだけ、株も証券会社の言いなりでまかせっきり、というケースは後を断ちません。これで「お金は命の次に大事なもの」というのですから、おかしなことです。

　株式投資で儲けたいなら、何はなくとも市場の仕組みをしっかり理解すること。その延長上に「儲かる」という成功があるのです。

　それと同時に大切なのが、**自分を知る**ということです。

　株式投資を始めると、誰でも１回は成功します。つまり麻雀やパチンコと同じ「ビギナーズラック」ですが、**大切なのは、１回のまぐれ当たりをしっかり分析することです。なぜ儲けることができたのか、その仕組みを自分なりに解析し、自分のデータを持つことが成功に不可欠なのです。**

　具体的にいえば、なぜその銘柄を買ったのか・売ったのか・あるいは売らなかったのか、何時に買ったら一番儲かったのか、１ショットいくらだったらうまくいったのか、何％のリターンを得るのが得意なのか――。そのような自分のデータを分析し、自分のことを知る。「儲かった理由」と「自分がなぜその行動をとったのか」のデータを別個に作っていく。**それを繰り返すと、「ここが大切だったんだ」ということに気づき、その「手応え」を連続させていくと、継続して儲けることができるようになります。**

　市場のことを知る。そして、自分のことを知る。そうして株式投資を続けていくと、自分と相場の呼吸がぴたりと合い、成功できるときが訪れます。その１回の成功を、次の成功に活かし、資産を築いていけばいいのです。

　私は「行動ファイナンス理論」を重要視しています。いわゆる「投資心理

学」とでもいえるでしょうか、詳しくは後述しますが、そもそも行動ファイナンス理論とは、チャートやファンダメンタルズで分析していた時代に、「ランダムウォーク理論」という「市場仮説理論」が生まれたことから始まります。簡単にいえばまさに「ランダムウォーク」——どう動くかわからないという理論で、**多くの投資家が効率よく行動するために、売買において片方に偏る部分があり、買いたいときには買い気配、売りたいときには売り気配になり、思うような値段で売り買いができず、偏れば逆の動きが効率的になり、どう動くかは想定できなくなる、ということです。それに対して行動ファイナンス理論は、「人間は必ずしも効率的に行動はしない」という考え方に基づいており、それぞれの心理や立場から行動が変わるのだ、という理論です。**

　行動ファイナンス理論のわかりやすい例を挙げましょう。たとえば、「あなたに100万円あげますね」という親切な人がいたとします。しかし、「私にじゃんけんで勝てば、200万円をあげましょう」という人が同時に現れた場合、どちらを選ぶのか?——おそらく普通の人なら、100万円をタダでもらうほうを選ぶと思います。けれど、それも人それぞれです。もしも200万円の借金があるのなら迷いが生じるでしょうし、その場合は過半数がじゃんけんを選択するといわれています。

　株式市場は、その「報酬」がもっとも大きいと考えられます。それがテンバガーのような変化への期待、あるいは将来性への期待となって現れ、保持の仕方や買う株数、なかにはデイトレなど時間的な制約も加わってくるわけです。**けれど株式投資において、どんなときでも大切なのは、自分の性格や置かれている状況、目的をしっかりと確認することです。つまりそれには、自分のデータが不可欠なのです。**

　本書には、**大岩川源太流の「株式投資のトリセツ」**といえる内容をぎゅっと凝縮しています。これから株式投資を始めたい方も、すでに始めているけれど目立った結果が出ていない方も、本書をぜひご活用いただき、株式投資で成功していただきたいと思います。

目次

Chapter 3
「資産管理」で身につける「儲ける基本」

Chapter 4
「自分」と「市場」を理解して「儲かる投資家」になる!
源太流・禁断の戦法

Chapter 5

もう1ランク上を目指すために!
源太流・13の実践ルール … 123

Chapter 1

「投資の主体者」を理解する

株式投資の仕組みを理解する
――「業績相場」か「金融相場」か?

　企業の業績と株価は基本的に連動しますが、ここで注意しなければならない
のは、**期待によって株価は上がる**ということです。

　要はみんなが将来性に期待して「株価が上がる」と思うから、株式を買うことで株価が上がるのです。期待感で株価が上がり、それに業績が伴ってくると
再びそれ以上の期待感が盛り上がり、株価が動きます。

　こうして投資家は期待から株を先に買いますが、実際に想定の範囲内まで業
績がよくなるといわゆる**「材料出尽くし」**となり、株価が下がってしまうこと
もあります。もしも業績が予想以上に上振れた場合は、サプライズとなって大
きく株価が上がる可能性もあります。これが基本的な考え方だと思ってくださ
い。

株価は経済に先行して動くもの

　株価は経済よりも先行します。たとえば日経平均で論じるならば、景気が悪
いときに日経平均が上がり始めたら、それは景気がよくなる兆候かもしれませ
ん。**ここで大事なことは、「株式は将来を買う」ものだということです。そのうえで、①まず株価が上がり、②次に企業業績がよくなり、③そして景気がよくなる、というサイクルを頭に入れることが重要です。**景気が悪くなるときも
これと逆に、株価が先に下がります。

　景気と株価の関係を示したのが右ページの図です。図中の左下**「理想買い」
とは、投資家が景気や企業業績の先行きがよくなることに期待し、先回りして
株を買うこと**です。ここで大事なのが資金です。詳しくは後述しますが、不景

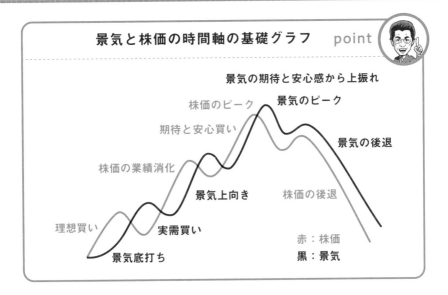

景気と株価の時間軸の基礎グラフ　point

景気の期待と安心感から上振れ

株価のピーク　景気のピーク

期待と安心買い

景気の後退

株価の業績消化

景気上向き　　株価の後退

理想買い　　　実需買い

景気底打ち　　　　　　　　　　赤：株価
　　　　　　　　　　　　　　　黒：景気

気ということは金利が低い状況にあるということですね。つまり個人や資金運用担当者の資金は、不景気で商売などに投資することができず、金利が低いから銀行にも預けません。だから「効率的な発想」から株式に向かう傾向になります。それが将来性に対する「理想買い」となっていき、こうして金利の動向が株価に影響するといわれます。

　理想買いが起こると、それによって株価が上がります。この時点では景気はまだ悪い状況ですが、株価が先行して上がっていくので、実際に景気がよくなったときには株価は下がります**（＝株価の調整）**。

　期待から先行した買いに対して経済が上昇してきた後も順調に経済が伸びていくかどうか、確認の時間が必要です。株式は個別では良し悪しで動きますが、全体的に今後の確認をする時間が必要となります。

　成長したことが確認できて再び期待感が高まり、株価が上昇すると、景気はいったん景気の反動で落ち込みますが、ボトム（底値）を打ってまた伸びていきます。その後、株価は停滞しますが、最後に「期待と安心買い」が訪れます。**この部分の株価の伸びは、景気がよいから投資家の資金も増加し、「持たざる怖さ（＝株式を持っていないことに対する怖さ）」なども発揮され、上げ幅が非常に大きくなることが多いです。**そして景気がピークを迎えるわけで

す。これが株価と景気の関係の基本です。

バイオ株から株価と業績の関係性を読み解くと？

　市場でよく起こる「発明と成功」について、株価の上での考え方を、バイオ株を例にして説明しましょう。バイオ株とは新薬の開発などを手がける企業の株です。企業が研究を開始すると、「この薬は効果が高い」といった期待が高まり、株価が上昇します。

　もちろん、研究開始時点では期待感だけで業績はゼロですし、なおかつ研究費もかかるので、株価の上昇は一度止まります。しかし研究成果が出てくる「フェーズ2」の段階になると、すなわち実現性が高くなるということですから、株価が再評価されていきます。ただしまだまだ研究段階で実績はありませんから、やがて株価が落ちる場合が大半です。

　さらに研究が成功して最終段階「フェーズ3」になると、株が大きく買われて株価が大幅に上昇します。過去には、こうした経過をたどって500円の株が最終的に8000円になった例もあり、さらに市場規模が大きいと株価が何万円というレベルになることもあります。過去の例ではそーせいグループ（現ネクセラファーマ）（4565）や小野薬品工業（4528）などがこれに当たります。特に小野薬品工業は、オプジーボの開発成功から癌患者の生還が相当数増え、評価も高いです。噂だけで10倍になったものではサンバイオ（4592）などが挙げられますが、薬品として当時は承認されなかったために、株価が20分の1になってしまいました。

　少し乱暴な例として薬品株を取り上げましたが、バイオ株は研究内容にもよるとはいえ、基本的には期待から上下します。成功すれば株価は大幅に上昇し、その後はその薬品の発展や業績への反応から株価が変動していきます。この動きから、**株価が投資家の期待や思惑で上がるということ**、そして**期待が現実になったときには止まってしまう**ということがおわかりいただけたかと思います。**株価がその後どう動くかは、企業の実力しだいです。**

金融相場の中の思惑相場

　実は、経済と市場の関係も同じです。繰り返しますが、不景気からの株価の

上昇は行き場のない資金の運用から始まります。これを**「金融相場」**といいます。その金融相場の中で、業績の実績がない企業が将来的に変化する期待感や新商品のヒットの思惑から株価が上がる相場のことを、**「思惑相場」**といいます。

　たとえば、「景気が底堅くなってきた」といった言葉が飛び交うときには、投資家は「何かの事業が伸び始めるだろう」と考えるので、今後10〜20年発展していくような事業や新しい技術株が買われる傾向があります。つまり、**「景気がよくなったら、この企業はもっと儲かるだろう＝企業価値が上がり配当も増加するだろう」と期待して買うのが「金融相場」で、これは金融学や証券学に起因する言葉であるのに対し、「思惑相場」は市場内の言い方だと考えてください。**

　つまり、思惑相場と証券学上の理想買いは同じだと思ってください。根本的には、株式は資金があれば投資家の「想像」が生まれ、思惑相場が発生します。その思惑は「理想」と言い換えることができますから、私は思惑相場も理想買いも同義語だと捉えています。

　しかし、不景気の時代に生まれる思惑相場の背景には「金融相場」があり、不景気で金利が低い状態では、商売に投資しようとしても時期が早過ぎるため、投資金額に見合う収益は掴みにくい、と投資家は考えるでしょう。また、お金を銀行に預けたところで金利が低いのだから仕方がありません。銀行からすれば、預かっても不景気でお金の借り手がないため、資金が運用に偏ります。こうして、いわゆる「金余り」という現象が起きますが、そんなときには「株にでも投資しよう」となるわけです。

　企業にしても同様です。モノが売れないときは、たとえ資金があっても設備投資は控えます。そして「現金を遊ばせたくない」となり、株式市場や不動産市場に資金が流れていくのです。安全性の高い金融商品や不動産賃貸投資という手もありますが、仮に定期預金に資金を入れても、「間接投資」から市場に資金が流れていきます。繰り返しますが、不景気では企業が資金を借りてくれないから、銀行としては自主運用するしかない、という思惑があるのです。結果として企業も資金を動かすようになります。

　日本の中央銀行である日本銀行は、景気が悪いときには金利を引き下げて企

point　　　相場の背景を見極めよう

業績相場
業績が好調なために起こる上げ相場

金融相場
金余りをきっかけにした上げ相場

「思惑相場」も「理想買い」も
金融相場のひとつ！

業に借入れや投資を促しますが、そんなときには企業はお金の使い道がありませんから、金利を下げたところで誰も借りてくれません。もちろん借りたい人はいるでしょうが、不景気で資金難なのですから、貸すには条件が高くなりますよね。従って貸し出しが減ります。すると銀行は、市場で配当利回りが高い、あるいは大きな資産があって倒産する可能性の少ない企業の株を買おうとします。ゆえに、不景気ではバリュー投資が有利といわれています。こういうとき、私の場合は「配当貴族（長期的に配当を増やしている優良企業）」から銘柄選択しています。

　不景気というのは企業にとって、資金的に潤っているのにもかかわらず設備投資をしにくい時期です。すると企業は自社株買いや運用に回し、株価が上がります。これらの作用で株式が上がることを「金融相場」といいます。つまり、思惑相場や理想買いとは金融相場の中のひとつだと考えてかまいません。
　投資家は、こうした市場の状況を理解しておくことが重要です。**現在は業績相場なのか金融相場なのかを常に意識して、見極めてください。**

「逆イールド現象」は「不景気の信号」

　みなさんがお金を預けるときのことを想像してみてください。長期で預けるのであれば金利は高くて、短期であれば金利は低いのが普通ですね。返済を考えた場合は短期のほうが、収入などが現状と変わりにくいから安全性が高い。長期だと景気や病気などの変化を伴う可能性が高くなりますから、危険手当てとして保険料的に金利は高いのです。しかし**長期なのに金利が低い、あるいは短期なのに金利が高い、ということもある**のです。

　不景気のとき、儲かっていない企業は「現状を打破すべく、発展するための資金を借りたい」と考えるものです。しかし儲かっていない企業は、返済能力が乏しいと見なされます。そこで銀行は金利を上げて、なおかつ返済期間を短くして、さらに時間のリスクも軽減します。その結果、短期融資の金利＝短期金利が上がります。

　また、不景気のときは先行きがわからないので、企業は設備投資などを控える傾向があります。すると融資が減り、日銀は景気刺激策をとるために貸し出し金利を引き下げます。それを受けて銀行は長期金利を下げ、企業が長期的に安定して借りやすいようにします。

　つまり同じ不景気でも、新興企業のように急ぐ企業は、信用が少ないために長期資金は借りにくいのですが、必要ならば金利が高くても借りざるを得ません。一方で、長期的に借りられる大企業など、ゆとりのある会社は資金を必要としないため、長期金利は低いままになります。こうして短期金利と長期金利の逆転現象が起こることがあり、これが**「逆イールド現象」**で、**「景気が危ぶまれる状態」**を意味します。すなわち、**長期金利が下がり、短期金利が上がり、長期金利と短期金利の差が縮まったときには、「不景気の信号」として注意が必要**です。「景気の先行きが不透明で長期資金は必要ないが、目先の資金が足りない」ということになると考えれば、理解しやすいですね。

　ゆえに不景気のときは、借金の比率が高い企業は嫌われることが多いのです。株価に影響することが非常に多いので、これを機に覚えておきましょう。

1-2

市場をリードする「主体者」の動きを知る

　株式投資の基本は、市場の主体者の動きを知って、その人たちの「仕掛け」と「退出」のスケジュールを知ることです。この「スケジュール＝時間の概念」を身につけることで、自分が株を買った後に株価が上昇する可能性を上げ、結果的に儲けることを目指すのです。

　個人投資家がこの考え方を身につければ、株式市場で上位数％である「成功者」に仲間入りができる可能性がぐんと高まります。この「主体者の動き」を読むことによって、経済や政治、環境に詳しくなり、運用者目線で市場を見ることができます。

　「はじめに」で述べたように、株式投資の基本や本質を知らずして成功することはできません。その基本や本質を知っているのは主体者であり、その動きをキャッチするのがうまいのが運用者。我々個人投資家が、その市場の基本と本質を理解することで、真に株で勝てる人生に一歩近づき、成功を手に入れるチャンスとなるのです。

「主体者」とは「市場をリードする存在」

　それでは、「主体者」とは、そもそもどんな存在なのか？　簡単にいえば**「市場をリードする存在」**のことです。ただし、それは仕手株（＝短期間に大きな利益を得ることを目的に売買される株）なら個人でしょうが、一般的に「株式市場」という言い方をする場合、**「株式市場に多くの資金を投入できる存在」**を指します。具体的には、現在は外国人買いが70％にもなるのだから外国人がこれに当たるでしょうし、国内でも生命保険会社などの大口投資家がいます。要は、**「その意図で自分の好むような展開に持っていくことのできる人たち」**とぼんやりと考えてください。

その外国人の種類やそれぞれの集団の特徴や考え方、国内金融機関の意図が出てくる時間などを把握しておけば、その動きやすい時間に合わせて類似の発想から先回りもできるし、動きを確認してから動くこともできます。大口投資家と個人投資家では、考え方が違います。最近では、かつてのような大物仕手筋は表に出てこないこともあり、個人投資家が本質的に真似することはできないでしょう。個人投資家に大口投資家の行動原理はわからないでしょうし、騙し合うのが仕手戦ですからね。しかし連休の谷間や決算などで動きにくいときには、外資系や国内金融機関などは市場での牽引役になれず、個人の大口投資家が主役に躍り出たりします。そのときに小口の個人投資家は「提灯」という相乗り行為をしますし、ネットの先導役に誘導されて集団になれば、「イナゴ」という力のある買い主体になったりします。ただ、市場を長く安定的に動かすことはできず、あくまでも目先投資の一貫です。こうした「提灯」や「イナゴ」は市場を動かすことはできず、その流れについていくしかありません。

チャートを覚えるよりもまず知るべきことがある

　株式投資を始めようと思ったときに、一般的にはチャートやテクニカル分析の何たるかを学ぼうとする動きが主流です。これらの内容も株式投資の重要な要素ではありますが、株の本質に関わるものではなく、枝葉末節です。今風にいうと「アイテム」という程度ですね。しかし、特に初心者の場合は、こうした技術面のことに右往左往させられているケースが非常に多く見られます。

　繰り返しますが、**「売り買いの基本」や「市場の原理」を理解していなければ、株式投資で成功することはありません。** ましてや億単位の金額を儲けるなどは、可能性が相当に低くなります。

　株式投資を始めると、どんな人でも「ビギナーズラック」を経験します。続けば問題はないのですが、それはあくまで「運」による成功であり、**成功し続けるために必要なのは、基本をきちんと理解したうえで実践することです。** この1章はいわば「基本編」ですが、これから源太流の実践術に至るまでしっかりお話ししていきます。

　話を戻せば、**株式投資の基本と本質を知らずして、ローソク足チャートなど**

のテクニカル的なものだけを見ていても無駄なのです。もちろん私自身もチャートは見ていますが、プロの投資家は市場の仕組みや習性、考え方を先に理解して、時と場合に応じて時流に合ったテクニカルを使います。株式投資初心者が最初に知るべきは、この現実です。

株で大きく勝つには、市場で生き残ることが第一歩

　最近は、投資の世界にもAI（人工知能）が浸透し、人間を騙すようにわざと反対売買をしかけたり、騙しのシグナルを配信したりするようになっています。ですから、**チャートだけを見て勝てることは、まずありません。**

　現に私は、100億〜200億円を稼ぐ個人投資家のインタビューを聞いたことがありますが、彼らはそういう基礎を非常によく理解していました。**「いまの時代、チャートだけでは当てることはできない。ファンダメンタルも含めた要素も考えなければ、流されてばかりで大きく資産を増やせない」**──彼らはこのようにはっきり語っていました。

　チャートを読んでも通用しない傾向は、既に10年ほど前から顕著になっています。**株で大きく勝つには、相場の本質にたどり着くまで市場に生き残っていられるか、これにかかっています。**

　私は過去にAIを主流とした売買システムの開発を相談されたことがあり、最先端のシステムもある程度は理解していますが、そのシステムの裏をかいて儲ける手法も作られています。どこでどんなシステムが発動して騙しのシグナルを発しているか、相場をコントロールしようとしているか、それを逆手にとって勝ち続けることも可能です。ただ、こうした研究はいたちごっこになってしまいます。

　作れば作り返すAI売買や、チャートを壊して慌てさせるテクニックなどは非常に多いのですが、それらは小手先のテクニックに過ぎません。知っていればたしかに有利になりますが、手間と労力の割には多くは稼げず、確実性に乏しく、ときに新型コロナショックやリーマンショックなどの想定外のことが起きたら薄利の積み重ねは簡単に剥げてしまい、ストレスがたまるだけです。

　株の本質で勝ってこそ、本物の投資家です。つまり、**相場の主体者＝大口投**

資家の動向を先読みして動き、彼らが買う前に行動する、もしくは動きを確認してから行動することが大事です。これによって成功する確率は相当に高くなります。

「誰かの情報」を当てにするよりも、「運用者の目線」を養うことが大事

お金をたくさん持っている人が相場を上げる――これは株式投資の常識で、それを考えて売買するのが「源太流投資法」の真骨頂です。

そして、**相場の主体者と協調関係でともに儲けることが大事**です。これが王道であり、最も確実に大きく利益を伸ばすことができます。「他人を出し抜いてひとりだけ儲けよう」というずるい考えではうまくいきません。**仲間とともに、みんなで一緒に儲けるのも株の真髄であり、楽しさである**――これを忘れないでください。

負けない投資家になるためには、専門家の分析を鵜呑みにしないことも非常に重要です。つまり、人の情報や分析を信じ過ぎてはいけません。

個人投資家の多くは、ネットで情報を集めるものです。何に投資するのか、今後の経済はどうなるのかなどについて、専門家が解析した内容を頼りにするものですが、要は、自分で経済数値を見たり環境から予測したりしていないわけです。

源太流投資法では、「暴落が来る」「不景気になる」といった予測があれば、なぜそう感じたのかを自分なりに分析することが不可欠です。その考え方を個別銘柄にリンクさせて投資するのです。

自分で予測できないというのは、分析力を高めるのに必要な力がないということです。「分析は難しい」「方法がわからない」は理由になりません。**プロも素人も同じ土俵で戦うのが株式市場であり、自分で勉強するしかないのです。**

分析するには、相手＝主体者＝プロの運用者がどのように考えているかを読み取ることが第一歩となります。分析方法などは時間をかけて覚えればいい。どういう仕組みでその経済数値ができたのか、それをどう判断するのかは、それから覚えればいいのです。

市場に流れるレポートの癖を覚える

　株式投資における分析とは、物事の本質を見極めることです。たとえば株価が上昇中だとすると、「その要因はいつから問題になったのか」「そもそもいつから動き出したのか」「既に市場に織り込まれているのか」などを考えて投資することが大事です。

　そのためには、**市場に流れる各レポートの癖を覚えること。そのレポートは市場が向かう方向性を結論づけてそのための証拠を集めたものなのか、淡々と現状の数字を見て判断してあるものなのか、**という見分け方です。

　レポートや雑誌には、季節によって書いた時期と流れ始める時期が違うことがあります。たとえば夏のレポートは、執筆者が夏休み前に書いたり、印刷業者がお盆休みを取るため、その1週間前に記事を上げるといった事情から、一般の目に触れるときには既に市場では過ぎ去った材料であることが少なくありません。このようなタイムラグの可能性も把握しておいたほうがいいでしょう。

　さらに大事なのは、11月下旬から12月の証券会社によるレポートです。多くの企業は「来年の見通し」などを特集します。特に外資系レポートは重要です。これは、**12月から運用を始める彼らが、1年間どのように市場を分析しているのか、**その考え方をもって、世界の大口投資家に対して運用依頼をお願いするためにセールスに行くためのものです。いわれたら当たり前のことですよね。つまり、その雰囲気が出ないと資金は集まりにくい、と考えてもいいと思います。その動きを確認してからでも十分ですし、先回りしてもいいでしょう。短期的な資金流入ではないから、幅が取れることが多いのです。

1-3

主体者とは誰か、いつ動きやすいのかを想像する

「主体者」について、もう少し理解を深めましょう。たとえば、現在の「買い」の主体者（＝「買い主体」）が外国人投資家なのか、国内勢なのかという見分けについて——これは時期が左右することが多いです。外国年金やヘッジファンド、国内金融機関などが買い主体であると考える場合、**「彼らはいつ動きやすいのか？」** という素朴な疑問が出てきます。それは**「月別の癖」** にも書いてありますが、毎月、運用者などの都合や決算で彼らの動き方が変わります。

「株式投資に絶対はない」といいますが、「絶対にあるもの」があります。それが**「決算」** です。彼らは、自分の任された資金の運用期間が終わるときには収支計算をしないといけないでよね。つまり余程の事情がない限りは、決算前に現金化を行います。そして、決算が終わると新たな運用が始まります。

だから、「大口投資家の動向がわからない」とあきらめる必要はありません。こうした基本的な話から入れば、意外に簡単にわかるようになり、「仕切り直しはいつから始めよう」など気持ちの切り替えができるのです。これらについてはのちに詳しく説明しましょう。

「買い主体は、何に対して投資しているのか？」という視点を持つ

では、買い主体は何に対して投資しているのかを考えてみましょう。その答えは、一般的には「企業の成長性と材料」という見方が多いですが、時と場合によって異なります。

通常は、**「順調な経済」** と**「近未来の技術変化で必需なもの」** という考え方が重要になります。しかし、先に書いたように不景気など安定的な利回りなどが求められる時期には、そのような「将来的に成長するもの」よりも、「既に

資金があり安定した収入がある企業」のニーズが高まります。

つまり、「誰がどのような株式を買うのか」が大事で、これこそ株式投資をするときに最初に考えるべきことなのです。「自分が買いたいもの」より「他人の買いたいもの」を、常に考えなければなりません。

投資家が「この株は上がる」と思うのは自由です。しかしそれ以上に、「いったい誰が、自分が買った以上に買ってくるのか」を考えることが重要です。自分だけがよいと思って他人が見もしないような株式は上がらないですよね。「いつかは上がる」というようなタイプをたくさん買うことは非効率的です。だから、「自分が買った後、誰が買ってくれるのか」を考えながら投資をするのです。

「市場の主体者がどのように思うか」という視点を持つ

繰り返しますが、**株式投資とは相手の心理を読む勝負**です。これは行動ファイナンス理論からなるものです。

うまい運用者は、「こう思う」という持論を固定させません（＝基本能動的）。**投資においては、「相手はこう思うだろう、だから自分はこう行動する」と考えることが大事**です。株式における「先を読む」という本質は、「上がる・下がる」を予想することではありません。**「自分が思うこと」ではなく、「他人が思うこと」を想像すること——つまり、投資家の行動を考える癖をつける必要があります。**

では、人工知能によるAI売買は、どのような思考経路をたどるのか？——それはわかりませんが、AIといえども、株式市場における運用者の投資行動パターン（日程）は変わりません。決まった日までのどこかで手じまいをします。手じまいしなくてはならないタイミングの近くに気になる日程があるならば、その日の何が気になるのか、そしてアルゴのAIがどの言葉にナーバスに反応するのかを考えます。つまり、**その言葉が流れる時間はいつなのかが大事**です。先に気になって買いに来るならば直前で売りますし、売ってくるならばその時間でよいものが出たら、買い向かうことだってできます。

株式投資は相手の心理を読む勝負である　point

```
┌─────────────────────────────────┐
│   来週末に米国の雇用統計が発表される   │
└─────────────────────────────────┘
         │                           │
         ▼                           ▼
  みんなが気にして、            みんなが楽観的に買うだろう
  早く売ってくるだろう

         │                           │
         ▼                           ▼
  ①その前に手じまいしておこう     ①上がったところで売っておこう
  ②売られるところで買おう       ②株数を減らしておこう
```

　私の場合、本質的に「逆張り派」です。つまり、「いつ下げ止まるか、あるいは上げ止まるか」を考えて投資を行っています。これは「先を読む（＝相手の心理を分析する）」ためで、**「相手が換金する・換金したくなるタイミング」を探し、日程や時間に合わせて株式を売り買いしていくのが源太流です。**

　市場に振り回されず、「なぜその株を買ったか」を考え直すことはとても重要です。仮に想定外の動きが出てきたら、買う前からその懸念はなかったのかを考えてください。想定になかったら一度手放せばいいのです。知らなかったのですから仕方がないことです。想定になかった状況になったときは、一度手放してから、その想定外の状況の影響をふまえて再度買えるかどうかも考えていきます。知らなかったことが起こった場合、私はまずとにかく売ります。

　逆に思惑通りに動くときは、「どのくらいの時間、続く商いなのか」を想像してください。その通りに動かなければ、計画の変更も視野に入れて検討しましょう。

1-4

主体者の投資パターンを理解する

　株を買えば、必ず売るときが来ます。特に初心者の方には、このことをよく覚えていただきたいと思います。つまり、**運用の開始があれば運用の終わりがある**ということです。

　ただし個人投資家の強みは、「いつ売るか」が読めないことです。一方でファンドや外国人投資家、銀行などの機関投資家の動きならば把握できますね。「運用がいつ終わるか」がわかっているので、それを知っておけば決して損にはなりません。ですから、もう少し細部まで分析してみましょう。

　ニュースなどを見ていると、「外国人の買いが……」などといった言葉が聞かれますが、「外国人」とはヘッジファンドなのか、年金なのか、オイルダラーなのか？──それはニュースでは滅多に触れられません。

主体者の行動パターンから「自分の時間割」を組み立てる

　「外国人とは誰か」という問いに対して的確に答えられなくても、おおよその特徴がわかっていればいいのです。慣れてきたら、注文の出し方などからいろいろわかりますが、源太流投資法の初心者であれば、**彼らの決算はいつか、何を気にするのかという点だけを捉えられれば十分です。**

　実は、彼らが注文を出す時間は通常は決まっていて、それは個人投資家も無意識のうちに癖になっています。だからこそ**日々、「自分はいつ買うのか」という自分なりの時間割をしっかり組み立てていなければなりません。**要は**作戦、すなわち相手をよく調べて、それに対応しながら注文を出して、リスクを抑えることが大事**なのです。これが**自己管理**です。

　たとえば、強い相場で勢いがよいときに買うと上がりそうですが、そのなかで買い一巡（＝買いが出尽くして勢いが一段落すること）して株価が一服（＝

動きが一時的に止まること）していたり、小休止の場面で買いに行ったりなどの工夫を少しするだけで感情が抑えられ、高値掴みといったリスクを軽減させることができます。

　余談ですが、自己管理はロスカット（損切り）にもつながります。たとえば自分が株式投資で、どれくらいの収益を1回の商いで出しているのか知っていますか？　1回の投資で平均3〜5％の利益が得られているとしましょう。それが次に買った銘柄で含み損が3％になったら、ロスカットしなければなりません。それ以上の損失を出してしまうと、次の投資で3％儲かっても元に戻せないからです。

　このように、**株式投資は自分を知ることから始まります**。すると損失に敏感になり、売買が丁寧になり、気がつくと損しにくい体質ができあがってくるのです。

　こう考えると、**投資家は他人の行動パターンを知ることも大事なのですが、自分の行動パターンを知ることも大事**ということがわかります。このパターンを覚えてしまえば失敗の確率は減るのですが、実際に把握している人は意外に少なく、非常にもったいない話です。

ヘッジファンドの運用担当者の行動パターンを考えると？

　主体者のうち、ヘッジファンドの運用担当者であれば、先ほどから話しているように「**彼らの運用資金の決算のタイミングで売らなければならない**」という点がポイントとなります。

　そこで、1年間の主体者（ヘッジファンド）の行動パターンを1月から大雑把に見てみましょう。通常はヘッジファンドの動きを探るのは11月から語ることが多いのですが、読者に解説しやすいように年初から始めます。

　1月は特に何もなく、前月からの動きの逆に向かうことが多いです。つまり多くの投資家が動きやすい時期ですが、既に12月から動きが始まっており、**1月の前半と後半で変わるなど、自由なだけに良し悪しが激しい**ともいえます。

　続く2月は、ヘッジファンドの第1四半期決算の時期です。ヘッジファンド

は11月末が本決算であることが多いですから、第1四半期の決算は2月末となり、ここで行動が鈍ります。**この「決算」というのが、ヘッジファンドの行動パターンを読み解くうえで重要です。**

市場は2月が変わりやすく、たとえば3月になると、国内の金融機関、銀行や損害保険会社が本決算を迎えるため株価は動きにくくなり、なかには国内金融機関の換金から下がる株式も出てきます。その売り買いの圧力によってヘッジファンドが動き出すので、裁定の残（裁定取引に伴う売買される現物株で、決済が終わっていない残高）や先物（先物取引。現時点で売買の価格や数量などを決め、決められた期日に売買を行う取引）の残など、**彼らのポジションには2月時点から気をつけなければなりません。**

4月は何もありませんが、国内勢の動きを増長させるケースが散見され、新営業年度の金融機関の売買や証券営業の動きを利用してきます。

5月は、ヘッジファンドが多いといわれている月。**彼らはこの時点で数字をチェックしてその後の戦略を考えるので、非常に重要な時期です。**連休後から市場が一変したり、後半から急に方向が変わったりするのが特徴。源太流で考えたら、SQ（特別精算指数、35ページ参照）の月の20日前後が分岐点ですね。

6月は海外の年金、国内の投資信託が中間決算を迎えます。ヘッジファンドは運用の始まりで、邪魔者がいないから、一方通行の市場になりやすいでしょう。欧米年金などの決算を嫌った売りもあるので、ギリシャ債務問題のときのように、ヘッジファンドの売りから地合いが悪くなる（＝相場が悪くなる）場合もあります。

7月は1月や4月と同じく、ヘッジファンドには何もイベントはありません。逆にいえば、欧米年金や国内投信の運用の始まりとなり、ヘッジファンドや海外の年金が一気に動き出します。一方で後半はバカンスをとることが多いため、前半と後半とでヘッジファンドの動きが変わる場合が多く、7月後半にできた流れが、そのまま8月半ばまで続くことが多いです。

8月になると、ヘッジファンドが再び四半期決算を迎えます。第3四半期です。このためヘッジファンドは、月の半ばからバカンスで休んだ人や新たに休んだ人の入れ替え的な時期になります。2024年から、四半期ごとの強制的な決算発表がなくなりますが、それでも業界には名残りがあり、**お盆過ぎからか**

ら帰参したアナリストが企業に対してコメントし始め、半ばから流れが再び変わりやすいことが多いです。

　9月には日本企業の中間決算を控えていますから、後半は国内運用系が止まります。ヘッジファンドは市場の動きに従順な流れになりやすく、株価が自然な動きになってきます。

　10月は後半に中間決算発表があり、国内運用機関の運用が始まり、業績好調時は上値に向かいます。しかし、景気の先行きや海外の情勢が不安だったり、不透明だったりするならば、11月や12月の外資系の決算を見据えて先売りすることになります。そのため、10月からは「ブラックマンデー」のような急落が起こりやすい時期といえます。

　11月は、ヘッジファンドの本決算が多いです。さらに12月は海外の年金や国内の投資信託の本決算ですから、上げ下げが激しく、経済実態よりも需給優先になることが多いのです。だから、**11月から12月にかけて株価はSQ中心の動きになりがち**です。また、この時期は運用が終焉して新たにスタートするために、新たな価値観が生まれやすく、長く低迷していた株式などが評価され始めたりします。米国の大統領選挙などもそうですが、**変化に慌てて判断しないでください。中期的な流れを見極めてゆっくり行動することが大事です。**

　このように市場の年間の動き方や癖を大きく掴んでおくと、「変化しそうな

point　運用者ごとに思惑と動きは異なる

①生保などエンドレスな運用を主体とする企業

基本的には、運用成績を都度確認し、日程通りに運用する。想定外の株安・債券安があると補填すべく換金する

②信託銀行

決められた運用期間内で、一定の決まりの中で行われる。買いが主体で、上がると売却されるケースが多い。担当者の意図が含まれる傾向がある

③投資信託

コア＋サテライト型の運用が多く、解約が設定されているが、早く換金する場合や、徐々にフェイドアウトすることもある。比較的、日程に正直

④都市銀行・地銀

都市銀行は、新営業年度に設定し期末締めで運用。地銀は、期初に年間利回りを確定すべく売却する。政策投資もあり、短期的に売るため下げには影響があるが、買い圧力としては以前ほどの影響力はない

ときや運用の決算月などは、その前月に売却しよう」などの作戦が立てやすくなります。ヘッジファンドでいえば1月や4月は逃げ頃になるし、**11月末を基準にして、年間のスケジュールを把握していく必要があります**。すると、たとえばあるアナリストが、11月末のヘッジファンドの本決算を意識せずに相場を語っているような場合には、そのアナリストは実戦的とはいえないことがわかるでしょう。このように、ちょっとした知識を持つことで相手のレベルを見抜けるわけですね。これも株式投資で大事なことです。

　これはヘッジファンドの話ですが、国内金融機関であればまた動きが異なります（上図参照）。それぞれの動きとそこに隠された思惑を加味する必要があります。

「1年間の投資パターン」を理解する

　主体者の年間スケジュールを、もう少し深掘りして見ていきましょう。

　あらためていうと、**「株で絶対に儲かる方法」はありませんが、「絶対に行われること」はわかります**よね。株式投資においては、それをまず知っておくことが重要です。この「主体者の年間スケジュール」は「相場の癖」となって現れ、多くの人はそれをアノマリー、要は「当たるといわれるが、論理的な根拠のない現象」として覚えます。しかし**本当に大切なのは、その動きの理由を理解すること**なのです。

1月・2月──日本の金融機関が売り始める時期

　1月は、前年の11月と12月にヘッジファンドや海外の年金、国内の投資信託も本決算を終える時期です。外資系は新営業年度が始まっていますし、国内勢も投資信託が12月から動き出して、盛り上がりやすい月です。

　資金的に豊富な時期でみんなが買えるため、相場は一方通行にポジティブに動き、上がりやすくなります。しかし、売る人が多くなれば相場は一気にネガティブになって下がることもあります。いずれにせよ、一方向に動くことが多いわけです。

　では、2月はどう動くのか？　2月には、それまで急騰していた小型軽量株が急落することも多々あります。2月は、3月決算の会社の第3四半期の決算発表がある時期です。「決算がよさそうだ」と考えられると、そこまで保有を続けますが、第3四半期の決算発表後に売りにくい軽量株からくるわけです。そのときに買い手が多ければいいのですが、少なければ株価が急落します。**どんなに決算がよくても必然の需給から売ってきますので、理屈ではなく下がる**

ものほど怖いのです。

　日本の金融機関は、3月に本決算を迎えますから、それまでに売却しなければならないものが多くあり、直前の2月は売りにくいものから売ろうとする傾向があります。要するに、2月からは企業内容よりも需給が優先する市場になると考えてください。

3月・4月──先読みを始めたヘッジファンドに注意

　3月は国内金融機関による保有株の見直しが活発化しますから、大型株が難しくなります。**とすれば、2月後半から大きく下がった軽量株を選別しながら、3月頭から買い始めるのが基本的な戦略になるわけです。**ただ、期待されて下がったものは想定以上に押しが深く、「買い場だけど、株価が上がるには4月からの資金の流れが大事」といったように、少し時間があるのですから焦らないようにすべきです。一方、大型株は3月の頭に一度売られますが、3月末には株主優待や配当の権利確定があるので、個人投資家の買いが入り、3月の中旬くらいからいったん戻ります。しかし、権利確定後は再び売られて下がることが多いです。

　3月は、外資系の金融機関が先読みを始め、新規の仕掛けをしてくる時期でもあります。たとえば、5月に中間決算を迎えるヘッジファンドが「今後の経済の見通しや市場が悪い」と先読みすると、3月に売ってくるわけです。**つまり個人投資家の場合、3月は買っていい時期だといえる**でしょう。その後、4月になると本格的な上昇に入ることが多く、ゆえに、3月の下落は企業内容に関係なく需給によって形成されることが多く、後から上がりやすくなり、その下落は「彼岸底」といわれます。

　なぜそういう現象が起こるかを理解してください。言葉ばかり覚えても意味がありません。逆に悲観論が年初から旺盛になっていたら、買い戻しが増えて株価が上がって「彼岸天井」となることだってあります。**その動きの原理を知ることが重要です。**

　4月になると新年度を迎えて個人投資家は前向きになり、**その結果、個人投資家に好まれる小型株が強くなります。**しかし、先行きを気にするヘッジファンドは、4月は基本的にはあまり買わないことが多いです。4月末から連休に

入るので、その前に売ろうとする投資家も増え、急落することもあります。その売り要因は、ヘッジファンドなどの中間決算に伴うポジション調整や運用銘柄の入れ替えに伴うリバランスが多く、大きな要因となる「裁定買い残」「裁定売り残」には注意が必要です。

5月・6月──「5月20日」がひとつの節目となる

　続く5月は、連休までと連休後で相場の景色が大きく変わることが多く、1年の中で最も重要な月かもしれません。連休後が強くても、その後20日前後で市場が変わることも多々あります。

　一般的に、金融機関の売買は毎月20日前後でいったん止まります。仮に5月に売るとすれば、5月20日に向けて売ってきます。買いとしても一緒です。そして20日を境にして、その後に市場は売り一巡から落ち着くことが多く、逆に上がっているときには、20日以降に急落することもあります。

　この時期の金融政策は1～3月期の数字によって検討され、4～5月から状況が変化することがあります。過去には、米国のFOMC（連邦公開市場委員会）は6月に記者会見があり、政策が大きく変わることも多いので、そのネタふりを5月に行っていました。2013年のバーナンキショック（バーナンキFRB議長の発言を受けて相場が混乱した出来事）などは非常に印象的で、22日でした。そのほかにも、5月20日前後から急落したことがあります。**5月20日前後に相場が高ければ買わないほうが無難で、5月末から6月初めに動き出すのがいいでしょう。**反対に5月が安い場合には、20日くらいから少しずつ買っていくのがいいですね。つまり、**5月20日前後は節目になりやすいのです。**有名な「セル イン メイ（Sell in May）」という相場の格言は決してアノマリーではなく、FOMCなどの経済政策の変化も多く、前半の運用と後半の運用の狭間でもあり、ちゃんとした裏付けがあるということです。

　6月には、米国などの年金などが手じまいするので、月初に強くても途中で方向感がなくなることがあります。また、月初に上がっても年金などの売りで市場の頭が重くなったりします。一番怖いのは、6月の最初から売りが強いときで、9月ぐらいまで悪い時期が続くことが多くなります。

　ヘッジファンドは5月に中間決算を迎え、6月から運用がスタートするとい

うことは、**6月はヘッジファンドが動きやすい時期**ということです。運用の新たな方向が決まるため、月初の株価の方向は非常に重要になります。

7月・8月——前月に上がった株が下がりやすい時期

7月は、前半と後半で動きが変わりやすくなります。株は7月の半ばまで上げ基調ですが、ある時点から下がっていきます。6月と7月は外国人が中心となりますが、彼らは7月の半ばからはバカンスをとるのが常で、6月と7月のうちにどんどん買っても、バカンスの前に売り買いの注文を一巡させてしまいます。だから買いが途切れることや売りが一巡することが多く、6月から上がっていた株式が急に下がり始めたりします。

ただし、下がっても簡単に買ってはいけません。なぜなら、買うべき人がバカンスでいないうえに、国内勢も夏休みやお盆休みで、第1四半期数字の確認が済むまで反転には時間がかかるからです。法の改正で四半期決算報告はなくなっても、IRやヒアリング内容からアナリストは着々と状況を把握していくのです。だから、**6月から8月半ばまで上がった株式が下がり始めても、深押しが多く、アナリストが夏休みから帰ってくるまで十分注意をするべきなのです。**

8月は、市場に人がいないので閑散相場となります。ただし前述したように、**日本企業は企業の四半期数字を把握しなければなりません。**識者が夏休みで正確な判断ができないため、先入観から7月後半の動きを引きずる傾向があり、悪い地合いもよい地合いも、お盆過ぎまで品薄の中で乱高下しやすくなります。

ここで注意しなければいけないのは、「小型株が安い」と思って買っても、さらに下がるケースが多いということです。個人投資家も夏休みをとることが多く、あまりよい相場環境とはいえません。ギリギリまで引っ張って我慢して、ダメ押しまで待つことが大事です。

続く9月は国内金融機関の中間決算ですから、売りにくいものは8月時点からどんどん売られていきます。**小型株や低位株の株価が下がり出したら、手を出すのはやめて、投資家がバカンスから戻ってきたころ、あるいは9月になってから攻めたほうがいいでしょう。**7月後半から8月頭には第1四半期の決算

1〜12月の年間スケジュール例　point

1〜3月
2月後半〜3月上旬に小型株を買う

4〜6月
5月20日前後に相場が高ければ5月末から動き出す。
安ければ5月20日から買う

7〜9月
様子見の時期。基本的には待ちの姿勢

10〜12月
株価指数が上がったら11月20日以降に小型株を買う。
12月は前半または最後に売って税金対策

がありますが、アナリストも夏休みに入っていることが多く、企業レポートができていない場合があるのです。

9月・10月──国内金融機関の中間決算で動きにくい

9月は国内金融機関が動きにくく、外国人も景気しだいでは動きにくい時期です。10月相場の前倒しで少しは動きますが、資金が不足するので本格相場にはなりにくいというのが実情です。ですから、**8月や9月の買いは短期売買が多いと考えておきましょう。**

10月になると国内の金融機関が動きやすくなりますが、翌月にヘッジファンドの決算を控えているので、相場は乱高下しやすくなります。また、長期資金の満期も来るので、ダブルで売り物が出ます。よって、10月にはブラックマンデーのような暴落が起きやすくなります。

つまり**10月は、天井にも底にもなりやすい時期**といえます。天井であれば「手を出さない」となりますが、「急落であれば買ってもいい」となるのは、悲観から暴落的になる場合は12月売却の年金まで先売りしているうえに、売り

切りで売るべき株式がなくなることが多いからです。これが、「**3月と10月の暴落は買い**」といわれるゆえんです。

11月はヘッジファンドの決算で下がりやすくなりますが、株価指数は前半で下げ止まり、月変わりから小型株が上がりやすくなります。つまり、**SQ（特別清算指数）の日までに株が下がってくれたら株価指数をSQの日に買い、SQ以降が上がっていくようなら20日以降に小型株を買う、というのがひとつのセオリーになります。**

12月は長期資金が動きやすく、外資系金融機関の動きが活発になってきます。11月の決算を終えて新年度がスタートしますから、一気に動き出します。11月末くらいは、ファンドの乗り換え時期に当たり、営業用に次期ファンドの運用方針や市場の方向性などが書いてあるレポートが必要になるため、外資系金融機関のレポートが出てきます。**このレポートには中期的な市場の方針が書いてあるので、個人投資家としても大いに参考としたいところです。**

運用のスタートである12月は、前半は高くなる傾向がありますが、後半はクリスマス休暇があるため、徐々に安くなっていきます。一方で、日本の個人投資家からは税金対策の「売り」が出てきます。投資で得た利益には約20％の税金がかかりますが、損失の出たものがあれば相殺できます。その年に儲かっている人は、年末に含み損のある銘柄を売ると税金を安くできます。

つまり12月の相場は、前半は高いけれど中盤に安くなり、最後に期待で高くなります。「掉尾の一振」という相場の格言がありますが、これは含み損を解消するための年末の売りが一段落した後、売り過ぎた反動や年末にかけたドレッシング買い（機関投資家やファンドの運用機関などが、保有資産の評価を上げる目的で買い注文を入れること）で株価が上昇することをいいます。

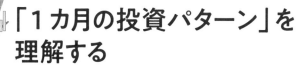

「1カ月の投資パターン」を理解する

　主体者の1年間のスケジュールを理解したうえで、1カ月あるいは1週間の売買パターンを見ていきましょう。

　年間を通して株価が上昇していく年もあれば、逆に下がっていく年もあるものです。しかし**1カ月単位、1週間単位で見ると、売買パターンは同じです。つまり、相場が上がっている年でも下がっている年でも、機関投資家の行動は変わらない**のです。

　既に紹介したように、年間の相場のリズムは決算によって決まっています。それと同じように毎月、毎週のパターンもあるのです。経験の長い個人投資家でもこのパターンを知らない人は多く、「この曜日に買うとやられる可能性が高い」という事実があるにもかかわらず、この曜日に買って失敗する人はあとを絶ちません。**必ずではないとしても、「確率の高い投資」を目指すべきです。基礎を知ることでその場に応じたアドリブが効いてくるようになるのです。**

1カ月のサイクルは「20日」と「SQ」が重要

　1カ月のサイクルでいえば、前項の「5月の特徴」で述べたように、毎月20日前後は非常に大事な日です。

　外国人投資家を中心に考えると、各限月の第2金曜日にあるSQ（特別清算指数）の算出日（＝SQ日）が重要です。外資系は先物で運用が多かったりインデックス型ETFを扱ったりするため、SQ日までが1つの日程となります。日経平均はそのSQ日で変化しやすく、個別銘柄は国内勢の持ち株の増減が一巡するので、20日前後に変化しやすくなります。

　以前は20日きっかりに変化する傾向がありましたが、最近は受け渡しが1

SQ の算出日（＝SQ 日）
外資の好む先物・インデックス型 ETF にとってのゴール

20 日
SQ の影響を受けて、市場が変化しやすいタイミング

日短くなり3日受け渡しになったことから、日程に余裕が生まれました。これには、DXによって資産把握が楽になったという背景もあります。しかし、いまだに20日前後で変化するという傾向は残っています。相場の主体者である機関投資家は、毎月の注文を自分たちの収益に向かって規則正しく出し、その都度の一定のルールに基づいて売買を行います。

現在、対日投資の外資は個別志向ではなく、主に日経平均ですから、SQ日がその主なゴールになります。SQ日までが勝負であり、その後の日経平均がどうなろうと関係ありません。だから、**市場関係者の多くはSQ日では指数で話をして、その後は国内勢の発想で考える傾向があります。**

逆にいえば、外資が日経平均を売っているときには個別銘柄が下がっていることも多く、SQ日の前に個別銘柄を買い、SQ日が終わって上がったところで売ることもあります。その傾向は特に、運用者の保持している株式が売りに出やすい決算月には、気をつける必要があります。

また、新しい傾向としては、新NISAの関係で積立型投資が市場に影響を与えることも多くあります。積み立て投資の影響から統計的に「5日に天引き・7日に口座入金型」が多いので、7日ないし8日に株式が寄り付き（その日の最初の取引）で堅調になったり外債投資が多いため為替が円安に向かったりする傾向があります。この点も少し意識しておくといいでしょう。

投資信託などのファンドは、月初に方針を決めることが多い

　一方で、投資信託などのファンドは決めた方針通りに動きます。さまざまなファンドがありますが、代表的な例でいえばバランス型ファンドの場合、月初めの最初の立ち会い日に銘柄の組み換えを行います。だから「この日だけ相場が高い」、あるいは「期末に安い」などの状況が起こります。

　注意しなければいけないのは、バランス型ファンドの組み換え日に株価が安かったらどうなるか、という点です。その月の運用は「売り」から来ている可能性も高く、そのサインを見逃さないようにしましょう。つまり月初に下がった場合、内容にもよりますが一般的な上値が重いなどの動きがあり、SQ日まで安かったりSQ日以降からやっと上がったりなどの傾向があります。**方針として先行きが不透明で買いにくいなどのファンタメンタルズもありますが、根本的には債券と株式のバランスなどで機械的に売り買いされるケースが多いの**です。

　月初の商いは、SQ日で終わる場合と、月末まで引っ張る場合の2パターンがあります。たとえば、正当な商いではないのですが投資信託の場合、月初に買った後に株価が下がっていったらどうなるか？──月初に100円で買って月末に90円で終われば、「この人の運用は下手だ」と思われます。ですから月初に100円で買い、その後に下がってもできるだけ月末に上げようと努力することがあります。この行為をドレッシングといいます。SQ日で止まる場合は指数運用ですから、ヘッジファンド系となりますが、期末や月末のドレッシングは国内系に多いのも特徴です。

　ある意味、東証の唱える「低PBRの解消」を目指すのも、似たような部分があります。購買意欲がない市場を「努力しろ」といって株価を上げさせるという話は、いかがなものかと思ったりします。しかし、市場はそれを履行しようとした企業を買いますよね。我々は淡々とそういう考え方を進める場面もあります。我々が買わないときには外国人投資家が行うのですから、黙って見過ごすことはしません。

1-7

「1週間の投資パターン」を
理解する

　主体者には、1週間の売買リズムもあります。株式市場には曜日の特徴があり、たとえば金曜日の大引けの後、つまり週末の相場が終わった後に明るいニュースが出ると、月曜日に期待感が入ります。これはニューヨーク市場の動向にも左右されます。

　ニューヨークの金曜日は、東京の金曜日の夜に始まります。つまり、ニューヨークの金曜日が日本の月曜日に影響することになります。そもそも日本の経済や産業はアメリカに影響されるものが多く、株式市場もNY市場の影響を受けやすく、近年は貿易の関係で中国の影響も受けやすくなっています。

月曜日・火曜日——前週金曜日のNY相場の影響を受けてスタート

　月曜日は、前週末の大引け後の材料の影響を受ける曜日といえます。ですから証券会社は月曜日の朝に会議を行い、その週に自分たちが狙う銘柄を決めます。その前段で海外の動いた要因の影響や重要性を話し合います。

　ただし、**証券会社が狙う銘柄は彼らが派手に売買するので、個人投資家は買わないほうが賢明**です。むしろ前週末に高く買われていた場合は、売却したほうがいいという局面もあります。

　月曜日には、外国人投資家や大口投資家などの主体者の動きが徐々に出てきますから、物色の変化の兆しを見極める必要があります。

　火曜日になると、ニューヨーク市場の月曜日の動向が影響してきます。ある方向に行くと見せかけて、相場が上がったところで一気に売られるなど、トラップも仕掛けられます。

　証券会社は、前日の月曜日の会議で決まった方向性で顧客先に行き、営業を

かけます。そうなると、時間的に火曜日に買い付けるケースが多くなります。ただ、前日の流れを受けて買いに出てきますから既に1日遅く、軽く高値になっているケースが多々あります。個人投資家が騙されやすい状況でもあり、火曜日の朝は、私はなるべく動かないようにして、何か新たに動きはないかを確かめます。つまり月曜日に様子を見て、火曜日の前場も様子を見るわけです。

つまり、**火曜日の後場（＝午後の取引）が本当の相場のスタート**だと考えましょう。慣れてきたら火曜日の前場（＝午前の取引）から入ってもいいのですが、最初は火曜日の後場でスタートするのがおすすめです。

水曜日・木曜日・金曜日──相場の変化と週末に向けての投資家心理

火曜日の後場から相場は変化しやすくなりますが、これはその週の相場の方向性が出やすいことに起因します。火曜日は、時差のある外国人も休日が明け、後場には外国人投資家の傾向も見えてきます。そして水曜日には、マスコミが「いよいよ上がる」などと盛り上げてきます。

投資家も水曜日になると、本格的にエンジンがかかってきて、売りも買いも偏ってくる傾向があります。**短期売買の場合は火曜日の後場で買い、水曜日の前場で売るのがベスト**です。私は安い場合、売る兆しを感じた月曜の前場、火曜日は逆に後場の13時前くらいに買い始めたりします。

あるいは、水曜日に上がった銘柄と同じ業種で、出遅れ銘柄を水曜日の後場に買うという方法もあります。たとえば、水曜日にゼネコン大手の株が買われたのであれば、中堅の奥村組（1833）を狙ってみる、といったように、少し工夫が必要です。ただし出遅れ物色は、基本的には**株価の上昇が短命であるケースが多い**と考えてください。まあ、その業種の動きが相当強くないと、私は参加しませんがね。

木曜日は火曜日と同様、前場と後場で相場が変わりやすくなります。木曜日の後場になると、翌日が週末であることが意識されるからです。高くなっている銘柄があれば「売っておこう」との心理が働き、火曜日や水曜日に仕込んだ人が売りにきやすいのです。

つまり**火曜日と木曜日は、前場と後場で相場が変わりやすく、週末を気にするということは、投資の発想が次週になるため、少し狙いところがあるので**

point　このページのポイント

☑ 買いに向いている曜日
火曜日の後場（短期売買）
木曜日の朝（弱いもの）

☑ 利食いに向いている曜日
水曜日の前場（短期売買）

す。だから、短期投資の場合は買った銘柄が木曜の朝に高いときに確実に利食い（＝購入時より値上がりして利益が出ている時点で売却し、利益を確定すること）しておくのも、一つの方法だと思います。**買った銘柄の株価が木曜日に大きく上がった場合にはそれを売っておく、という非常にシンプルな考え方が、短期売買においては有効**です。

　金曜日の相場は、先高感（＝株価が値上がりするという期待感）がある場合には高くなります。反対に先高観がなければ、「週末だから売っておこう」と考える投資家が多くなります。週末は、買ったものが休みを越えても期待できるという目先投資の人はしません。ですから、相当な安心感や信頼性がないと強くないということなのです。

　個人投資家のなかには「イナゴ」と呼ばれる短期売買専門の人たちの集団もいますが、彼らは売買時間が制約される金曜日はあまり売買しません。特に短期売買をする人は、休日の持ち越しを避けるため、朝の早い時間に買ったものはその日に売ってしまおうとします。ですから、うまく上昇したらいいのですが、揉み合いになって引けに近づくと、反対売買が増えてきて急に値を消す（値が下がる）場合もあるし、全体的には週末は安いと買いたくなりますが、方向感がないのが普通です。ですから、金曜日の前場は非常に難しいと思ってください。

「1日の投資パターン」を理解する

　さらに、投資家の1日の行動パターンをその心理から探っていきましょう。個人投資家は、時間帯によって考えるべきことがあります。まず、最初の売買である「寄り付き」の前は、前日からの思惑や感情が残っているものです。それによって買おうと考えている人もいれば、売ろうと考えている人もいて、**投資家の感情が入り混じった状態で相場がスタートする**わけです。

朝はとにかく情報を収集する時間

　朝はとにかく情報を収集する時間ですが、どこで入手するのがいいか？——私の場合、何はなくとも全体感を把握すべく、テレビ東京の『モーニングサテライト』で海外の市況と内容をチェックしています。その後、日経新聞や『株探』のサイトなどで、前日に発表された決算や企業情報などを確認していきます。みなさんとほぼ変わらないですよね。

　そして日経新聞は入念にチェックします。投資初心者の人にとっては「難しい内容の新聞」といったイメージがあるかもしれませんが、**すべてを読む必要はなく、決算の面と外交面だけを見ておけばいい**のです。あるいは、新聞やネットの情報をまとめているサイトもありますから、それをチェックしてもいいでしょう。ただし紙媒体のよいところは、ネットの場合は必要なものだけを読みがちですが、新聞の場合は広告などの変化や読む気のない記事まで目に入り、そうした「＋α」が非常に有効なときが多いのです。だから私も必ず新聞はチェックするようにしています。情報収集は朝の重要な仕事ですが、これに慣れれば5分か10分程度で完了できるようになります。

　大まかにいえば、誰が見ても買い材料の場合は朝から買い気配で、企業情報は悪い材料だけ見るようになったりします。このくらいならば、通勤途中の電

車の中でもチェックは十分可能です。

　また、企業に公表が義務付けられた「適時開示情報」もおすすめです。企業のサイトや『株探』などでチェックしてみてください。

　私は先物の手口も必ず確認しています。初心者には難しい面もありますが、たとえばバークレイズが売っているのか買っているのか、ゴールドマン・サックスが売っているのか買っているのか——この2社が先物を左右していますから要チェックです。かつてはクレディ・スイスの動きが大事だったのですが、スイスの銀行大手のUBSグループに買収されて運用の形も変わり、あまり目立たなくなりました。しかし、それでも名残があるから注意は必要です。

　また、機械的・物質的な要因も知っておく必要があります。たとえば、MSCI（モルガン・スタンレー・キャピタル・インターナショナル）の指数の組み入れや決算発表の時期などです。

　下の図は、私がチェックする情報をまとめたものです。基本的には感情のない、淡々と数字の並ぶ情報が好みです。ぜひチェックしてみてください。

8時台——寄付き注文をチェックする

　朝の情報収集が終わったら、寄付きの注文がどうなっているかをチェックします。個人投資家や法人などの場合、株価を決めて指値注文をずっと出してお

---

 point　　源太が見るサイト

- TDnet　適時開示情報閲覧サービス
  https://www.release.tdnet.info/inbs/I_main_00.html

- TRADER'S WEB　信用期日
  https://www.traders.co.jp/margin/target_date.asp

- 日経平均プロフィル　騰落率カレンダー
  https://indexes.nikkei.co.jp/nkave/archives/calendar

※2024年6月時点

くケースが多くあります。**寄付き前にはその注文が出ていますから、個人投資家がどんな銘柄に注文を出しているかを見るのです。**

　どうしても売りたい、あるいは買いたい人は、成り行き注文（＝売買を行うときに、値段を指定せずに注文すること）を出していることがわかります。成り行きの買い注文が多く出ていれば、買いたい人が多いとわかりますね。

　取引は9時から始まりますが、**注文状況は8時30分くらいに一度チェックする**といいでしょう。寄り付きの直前に「モアベター」の注文を証券会社が出してくるからです。モアベターとは、「大体いいところで買っておいて」「大体いいところで売っておいて」という注文です。だから、その注文が過ぎたあとに、そもそもみんなが朝からどのくらいの値段で売買したかったのか、少し早い時間で買い指値や売り指値の状況から探っておくのです。

　つまり8時30分くらいの時点では、本来売り買いしたい人だけの注文が出ています。いわば**「一般的に売買したい価格」**がその値段で、そのときに寄り付き前の気配と近いかどうかを調べます。**ですから寄り前の気配は、「許容範囲」を探るということなんです。**寄付き直前は、売買したい人の感情やモアベターなどの注文が入り乱れますが、**取引が始まってから少しすると、朝早くの8時30分時点の気配値に近づくことが多い**のです。これが、指値（＝売買値段を指定して注文すること）を決めるときに参考になります。

9時台── 「5分」「30分」がひとつの基準

　取引が始まって9時5分くらいになると、前日から思い描いていた投資行動が実践されて一巡します。**この時点で相場の動きをよく見ておきましょう。**

　たとえば、寄付きで買った場合には、それがうまくいったのか、うまくいっていないのかを、9時5分から10分ぐらいの間であらためて考えます。指値注文を出している場合には、9時5分くらいになると指値を動かしたくなるものです。要は、反発や反落を狙った売買がしたくなるわけです。取引が始まって5分くらいで上がっている銘柄を買いたくなったりもしますが、一気に上がった後にドンと落ちることがあります。つまり、**9時から9時5分の間は失敗しやすい時間でもあります。**

　この時間帯には大きな指値注文が切れて（注文が取り消されて）しまうことも多く、「朝に買おうと思ったけれど、買えないのだったらもうやめた」と買

い指値が消えるケースもあります。あるいは、株価が上がらないように大量の売り注文を積む場合もあります。逆に買った人が違反行為の「見せ玉」という、付き（現在）値の下に買い注文を大量に入れて、強そうに見せたりします。

　このようなプレッシャーをかける注文が出てくるのも、9時5分くらいです。大きい注文が消えるのも9時5分だけれど、増えるのも9時5分——ですから、私自身もこの時間帯はあまり売買しません。9時10分あたりになると、「買うんじゃなかった」「売っておけばよかった」などの後悔が出てきます。もちろん逆もありますが、期待が不安に変わり、つい売買してしまうことがあります。上手な人は、投げ売りされた銘柄を逆張りで買ったり、逆に朝一で売らずにこうして伸びる時間まで買って売却したりする人もいます。

　人間の緊張感は、30分程度しか維持できません。そのため、9時30分ころになると、市場が変わる可能性が高くなります。9時30分以降の投資家の行動をマスターすると、本当の意味で投資が上手になります。

　9時から9時30分までの取引の主体は、外国人投資家や個人投資家がメインです。ところが、9時30分以降には機関投資家が入ってきます。9時から会議を行い、9時半くらいから売買を始めるからです。ですので、株価が下がっていた銘柄が、9時30分から上がっていくこともあります。

　9時30分までに買えなかった銘柄が9時30分を過ぎて指値の株価まで下がる場合、その後も下がり続ける可能性が高く、指値注文で9時30分までに買えなかったものは、その時間を狙って注文を出している人はいいのですが、いったん注文を取り消したほうがいいでしょう。そのうえで、ほかの投資家の評価を見るのです。

10時・11時——市場の動きが定まり、後場に向かう

　10時になると、外国人投資家のその日2回目の注文が出てきます。朝イチには高く始まった株価が、10時になって上がってくる場合があります。その場合は、主力株の場合や日経平均ですと、外国人投資家の注文が出ている可能性が高いです。

　10時20分ぐらいからは、国内の金融機関が一定の思惑を持って動き始めます。この時間帯になると、中国市場の取引も始まりますから、その動向も加味

されてきます。その日の市場の動きの流れ、性格が定まってくる時間でもあり、「騙し」もありますが、**この時間を無事通過したら比較的安全**です。逆に崩れ始めたら、少し厄介になることがあります。

　11時には、証券会社の後場の寄付バスケット（一括）注文が流れ始めます。「バスケット注文」とは、複数の注文をまとめてバスケット（かご）に入ったひとつの注文とみなして売買する自動注文のことです。多数の銘柄を同時に後場寄りに出すので、その「仕切り値（いくらで引き取ってくれるか）」の交渉の連絡がきます。いわゆる「後場寄りの注文」ですね。ですから、売り注文が多いと後場が下がると思ってこの時間から売るし、買いバスケットが多いと上がったりします。だから、11時過ぎから上げ下げが始まるケースが多いということもあるのです。この時間から11時30分までは後場への期待や不安もあり、偏りやすいのですが、後場のバスケット注文が影響していることも多いのです。

　バスケット注文では、大量の銘柄と株数を証券会社に引き取ってもらうのですが、そのときに手数料がどのくらいになるかを、株価に対する％で出します。従って、1社と付き合っているならともかく複数の会社と付き合っている企業は、各社に「このような注文を出すが、手数料はいくら？」と聞くことになります。後場寄りに間に合わせるには前場の引けで注文を決める必要があるため、注文を11時ぐらいから各社に打診することにより、後場寄付きが高いかどうか、その傾向がわかるのです。引き取った株を13時ぐらいまでに反対売買しますからね。

　バスケット注文は信託銀行などから出ることが多いのですが、信託銀行は銀行ですから、基本的に12時からです。そのため、13時に戻ってきてからでは12時半スタートの後場に間に合いません。そこで11時に注文を打診し、11時30分あたりから発注します。証券会社に注文の打診が早く入るので、売り注文が多いか買い注文が多いかがわかってしまいます。それによって、11時過ぎに相場が急に動くことがあるのです。

　前場は11時30分に引けますが、そのときに後場への気持ちが表れます。前場に上がり過ぎてみんなが「高いぞ」と思えば、後場に入って下がります。基本的には、後場への期待が高ければ前場の引けは高く、期待が低ければ安く

なります。その感情が強過ぎたら、前場中に買いたい気持ちや売りたい気持ちがピークになるため、後場に売り買いの注文が切れてしまい、前場と逆の動きになるケースもあります。**前場の引け周辺はそこを読んで行動しましょう。**

12時以降——市場の方向性や投資家の発想が変わりやすい

　後場の始まる12時30分から1時までは、証券会社では後場の寄付きでの商いが多くなり、前述のようなバスケット注文で出来高が多くなります。また、「大引けで処分してほしい」との注文を受けた場合、大引けで売買が成立しない可能性もあるので、後場の寄り付きから早めに動くことがあります。

　13時になると、決算情報など新たなニュースが出て相場の流れが反転することがあります。後場の寄付きでバスケット取引が行われて「売り」が多ければ、13時ごろまでは下がりますが、13時を過ぎると処分が終わり、上昇に転じることがあります。

　逆に13時まで株価が高かった場合は、13時以降に落ちていくこともあります。この時間帯は企業から発表されるニュースによって相場が動くので、個別銘柄の物色が始まりやすいのです。イナゴ（短期売買）が新しい銘柄を売買したりしますが、**市場の方向性や投資家の発想が変わりやすので十分注意しましょう。**

　14時15分から14時30分までは、非常に迷う時間帯です。ディーラーもデイトレーダーも、自分の持っている銘柄を売ろうか買おうか迷っています。なぜなら、14時30分からは翌日を見越した相場になるので、期待感が強ければ買ってもいいのですが、それがないと大引け前に大きく売られる可能性があるので、慎重になるわけです。

　つまり、14時30分までに処分する人が多いということになりますが、ここは私が最も得意とする時間帯でもあります。そのときの動きの逆張りで儲けるのです。みんなが「投げなくてもいい銘柄」を投げているなら、その後に上がるはずなのでそれを買っていきます。明日の相場への期待感などから、14時30分以降に急激に上がったり偏った動きを見せたときには、それが行き過ぎると14時50分くらいからラスト10分で相場が止まったり反転したりします。これを利用すれば、14時30分から50分くらいまでの間で儲けることができる、というわけです。

Chapter 2

銘柄をどう選び、どう売買するか?

「市場の入り方」
を知る

投資する銘柄はどう選べばいいか
──テーマと関連銘柄をまとめる

市場における「主体者」と「動く時間」を理解したところで、次は**「市場の入り方」**についてお話ししていきましょう。つまり、**どのように銘柄を売買するのか**、ということです。

当たり前ですが、利益を得るには株価が上昇する銘柄を見つけなければなりません。そこで**重要となるのが、銘柄の選び方**です。

まずは「大きな流れ」を掴む

次ページの図はある証券会社の過去の資料を参考にまとめたものですが、このような「時間軸のある」資料をもとにして、長期的に世界各国で進めようとしている事業とそれに関係のある企業を、国内・海外それぞれで集める作業をします。右図では「環境」をテーマに考えていますが、銘柄を選ぶにあたっては、**1つのテーマに対して、国や企業にどんな動きがあるのか、大きな流れを掴むことが大事**です。

たとえば「環境」をテーマとした動きとして、世界は電気自動車にシフトしつつあります。その流れの中でガソリンに投資しても、大きな利益は狙えません。ガソリン価格が急騰したとしても、一時的なものに過ぎないのです。あくまで「大きく見れば」ということであり、大統領などの意図によっても違うし、中東戦争のような地政学リスクは原油価格から起こります。しかし、そのもっと先の世界の趨勢（すうせい）を考えなければなりません。

このように、**世の中の潮流を把握しておくことこそ、テンバガー（株価が10倍にまで上昇した株）を獲得するための基本であり、中期投資銘柄の見つけ方**となります。買い時は、国基準の情報であれば関連する会議があるかどうか、企業であれば決算発表がいつかを確認します。そのためには、**証券会社の**

各国・地域、各社の環境対応車に対する取り組み　point

各国の自動車に関する環境目標	
日本	2035年までに新車販売の電動車比率100%（HV含む）
中国	2035年を目途に新車販売のすべてを環境対応車に限定する
米国	2030年までにHVを除く電動車の販売を5割に
英国	2030年までにディーゼル車、ガソリン車の新車販売禁止
仏国	2040年までにガソリン車販売禁止
EU	2035年にHVを含む内燃機関車の新車販売を全面禁止案
タイ	2030年に自動車生産の3割をEVに
インドネシア	2025年に販売の2割をEVに

自動車メーカー各社の環境車対応への目標	
トヨタ自動車	2030年に世界販売台数のうち800万台を電動車に。ついで200万台をEV・FCVに
日産自動車	2030年代早期より主要市場に投入する新型車全てを電動車に
本田技研工業	2040年に世界の新車販売のEV、FCV比率100%目標
SUBARU	2030年までに世界販売台数の4割以上を電動車にする方針
マツダ	2030年までに世界生産台数の25%をEVにする戦略目標
フォルクスワーゲン	2030年までに世界販売の5割をEVにする目標、欧州市場は2035年にエンジン車販売を終了
ダイムラー	2039年までに日米欧の新車全てをカーボンニュートラル対応
GM	2035年までにガソリン乗用車販売から完全撤退
テスラ	2030年にEV生産を年間2000万台の目標

※ EV（電気自動車）、HV（ハイブリッド自動車）、FCV（燃料電池車）
出所：会社資料、各種報道等をもとに作成

資料や新聞を読み、世界の動きや企業の動きを自分でまとめる習慣を身につけ
ておくことが重要です。

統一している政策や統一的な製品、部品を探す

　大きな流れを掴んだら、**各国の政策で統一しているもの**を探しましょう。つ
まり、**その統一的な政策から、共通で必要な技術や製品、部品を探し当てる**の
です。

　製品は、その国々で基準があるので、質の高いものは世界的なシェアが高く
なります。また、シェアの高い製品や部品は、「必ず使うもの」が多いです。
電子部品の分野を例とすれば、高い頻度で必要なものに水晶デバイスがありま
す。安定した周波数などを維持する役目があるからです。そこで、水晶デバイ
スで高い技術を持ち、高いシェアを獲得している企業を狙うのも、銘柄選びの
1つの方法です。

　つまり、**国の政策や企業が進めようとしていることについて、必要な部品や
製品があれば、「それには何が必要なのか？」と考える**のです。上がる材料や
テーマは、状況によって変わります。どんな材料が次のテーマとして選ばれる
かは、誰にもわかりません。そのヒントになるのは、学会の発表や新製品の発
表、政策の変更などです。

　毎年3月、4月、あるいは9月、10月、11月ごろは、各業界の学会が多く
開催されます。そこで何が議論されたかをチェックするのも、銘柄選びに役立
ちます。

　ただし、銘柄が見つかったとしても、すぐに市場に入ってはいけません。基
本的に株価の下落を待ちます。**普段は銘柄選びの勉強を続け、下がったときに
買うという癖をつける**べきです。

下がっても落ち着いて段階的に買う

　**実際に株価が下がっても、どこまで下がるかはわかりませんから、一度に買
うのではなく段階的に買っていく**必要があります。一度買ってから下がると
すぐに買いたくなりますが、ぐっと我慢して、相場全体の落ち着きと狙ってい
る株式の安定を待ちましょう。「相場が次の段階に移った」と思ったら、2回

売り上がりの MY ルールを作ろう　point

次の例を参考に、自分なりの売り上がりルールを作ってみよう

☑ 最初の目標に来たら一部売る

☑ 購入して 10% または 25 日移動平均に近づいたら一部売る

☑ 企業決算の直前に上がったら一部売る

☑ 目標株価に近づいたら一部売る

☑ 出来高が急増して過熱感が出たら一部売る

☑ 買った総額の 2 倍に増えたら、半分だけ売る
　（持ち株はタダになる。特にオプションで有効な戦略）

目を買います。この方法で3回程度に分けて買っていくといいでしょう。

　買った後に株価が違う理由で一気に上がり過ぎた場合には、売却してもかまいません。当初買った理由と違う場合は、収益や企業の立場が余程変わるもの以外は、保持しないでいいでしょう。また、想定通り上がっていく場合も淡々とした行動が大事で、目標としている上限に向かって段階的に売り上がります。たとえば、ある程度上がった時点で3分の1を売り、目標値にきたらさらに3分の1を売る、そして残りの3分の1は握りしめておいて予定外を期待します。下がるならば、「最初に売った値段を割ったときが売り」など、自分でルールを作りましょう。それができれば利益率が安定し、資産を計画通りに増やすことができます。

　儲けより損が多いのは、自分にルールがないからです。**大事なのは、自分の投資の基準を決めておいて、その通りに売買をすること**です。

株価が動いた銘柄を分類して有望銘柄を探す
──証券会社の情報もチェック

銘柄を選ぶにはもうひとつ、**株価の動いた銘柄を分類する方法**があります。どんな銘柄が動いているかをしっかり分類すれば銘柄選びに役立ちます。**特におすすめなのは、旬の「テーマ」と「関連銘柄」をまとめる方法**。ネット証券の「登録銘柄」に入れておいてもいいですし、エクセルでまとめておいてもいいでしょう。人は、自分でまとめると記憶に残るものです。証券会社の資料を単に切り張りしても忘れてしまうので、自分でまとめるようにしましょう。

相場が強いときは、テーマのすそ野が広がる

昨今、最も注目されているのはAIやイノベーション関連でしょう。おそらく、半導体の受託生産で世界最大手のTSMC（台湾積体電路製造）が日本に工場を設置するという話はあなたも知っているはずです。そういったニュースを耳にしたら、TSMC関連の銘柄を洗い出しましょう。なぜなら、**相場が強いときには、テーマのすそ野が横に広がっていく**からです。調べていくと、TSMC関連の銘柄は右図のようにたくさん出てくるでしょう。

また、たとえばメタバースがテーマになっているときに、仮想空間で庭づくりをするサービスを提供する企業の株式が買われたことがありました。メタバースと庭づくりは、近いようで遠いもののように感じられますが、実は関連していたのです。ただしこれは、相場が強いときの話。**相場が強ければ強いほど、関連のある銘柄に広く影響を及ぼします。**

テーマが注目されて動き出してからリサーチしていては、出遅れます。前述したように、気になるテーマや銘柄が出てきたら、あらかじめ分類しておくことが大事なのです。

同じテーマでも、時間が経ったり株価が上がったりすると、動き方が変わる

TSMC などと 3D IC パッケージング技術を磨く銘柄群

point

TSMC ジャパン 3DIC 研究開発センター パートナー素材

コード	銘柄名
3407	旭化成
4062	イビデン
4185	JSR
4004	レゾナック・ホールディングス（傘下のレゾナック）
4063	信越化学工業
6967	新光電気工業
4005	住友化学
4204	積水化学工業
4186	東京応化工業
8012	長瀬産業
6988	日東電工
5214	日本電気硝子
4901	富士フイルムホールディングス
4183	三井化学

出所：経済産業省をはじめ各 HP の情報をもとに作成

TSMC ジャパン 3DIC 研究開発センター パートナー装置

コード	銘柄名
6861	キーエンス
6590	芝浦メカトロニクス
7701	島津製作所
4004	レゾナック・ホールディングス
6146	ディスコ
3402	東レ（傘下の東レエンジニアリング）
6988	日東電工
6501	日立製作所（傘下の日立ハイテク）

TSMC 3D Fabric Alliance 加盟

コード	銘柄名
6857	アドバンテスト
4062	イビデン
7911	TOPPAN ホールディングス

場合もあります。わかりやすい例が、船会社の株式です。2021 年 9 月以降、日本郵船の株価が大きく上がりました。それまでは、日本郵船は割安株として知られていましたが、いまいち買い要因に魅力がなかったのです。しかし、コロナ禍が落ち着いて景気が拡大したことから、船による輸送が増えた結果、船

賃が上がって日本郵船の決算で空前の業績が予測され、大幅な増配も期待されたのです。すると株価は大幅に上がりましたが、決算でいい数字が出て、増配が発表されてからでは、株価が既に上がっていた（これを「材料を織り込んでいる」といいます）ために、買うのは難しくなります。しかし、テーマが移ったことにいち早く気づくことができれば、大きな利益が狙えたはずです。

私が日本郵船に注目したのは、2020年10月のことでした。当時は景気復活銘柄の1つとして分類しており、中国を中心に景気の回復が始まり、物品の移動が増え始めた時期でした。鉄道や飛行機は新型コロナの影響で動き出していなかったことから、船に着目したのです。実際に物品を船で運ぶようになると、港で荷物を降ろす人やそこから企業に運ぶ人が足りないために船から荷が下ろせず、船が港で滞留してしまいました。その結果、世界中で船が足りなくなり、タンカーや不定期便の船賃が上がり、バルチック海運指数（BDI）が急上昇しました。船賃が上がることで日本郵船などの利益が増えたのです。

船賃の動きは、バルチック海運指数でわかります。**1カ月に1回程度、このような業界の業績を左右する数値をチェックしておくと、テーマの変化に気づくことができます。**

テーマの変化をしっかり掴んでおくために

日本郵船の場合、途中で株価が「業績」というテーマから「配当率」や「1株あたり純資産」という評価に変わりました。しかし、当初は経済活動の復活によって注目を集め、好業績への期待によって買われたのです。当初は成長率を見る「グロース株」的な考え方ですが、その後は高配当や低PBRに注目が集まって買われました。つまり、企業が持っている資産に対する考え方、「バリュー株」の考え方です。

グロース株とは、新しい技術などで将来は業績が伸びることを予想して、今は割安だと考えて投資する方法です。一方でバリュー株とは、その企業の過去からの蓄積による資産や技術、配当、PERなどで考えるもので、本来の価値に対して、今は株価が安いと判断して投資する方法です。日本郵船のケースでは、本来のバリュー株が収益の莫大な伸びというグロース的な株式評価に変わったため、新しい相場になり株価の動きも変わりました。このように、同じテーマでも時間の経過によって動き方が変わるケースもあるのです。バリュー

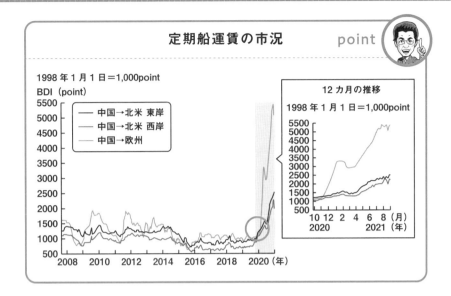

定期船運賃の市況　point

1998年1月1日＝1,000point
BDI（point）

- 中国→北米 東岸
- 中国→北米 西岸
- 中国→欧州

12カ月の推移
1998年1月1日＝1,000point

株とグロース株については、Chapter 4で詳しく説明しましょう。

　ちなみに売り場は、業績が伴われていて、多くの人が「これは安い」と考えて再びバリュー株扱いされたときです。**こうした変化を見極めるためには、「なぜ株を買ったのか」を忘れないようにしなければなりません。**

　株価が上昇すると興奮状態となり、自分を見失ってしまう人が多く見られます。先の日本郵船のように高配当の銘柄の場合、「配当が多いからまだ売る必要はない」と考えたりします。しかし、配当が多いことは最初からわかっていることであり、それも考慮したうえで株価は上がっているのです。

　1つの銘柄に大きな資金を投資したままでは、株価が下がったときに大きな損失につながります。そのリスクを軽減するためには、**「段階的に売り上がる」**という行動をとらなければなりません。株価が上昇する材料が新たに出た場合には、またそのときに価値があるかどうかを考え、保有株数を増やすかどうかを考えればいいのです。もともとそういう材料で買ったのではないから、売って上がっても悔やまないことです。

　つまり、**自分がこの銘柄を買おうと考えたときの材料（根拠）をしっかりと覚えておき、それが評価されて株価が上がったり崩れ始めたりしたら、一度その評価を考え直してみることが大事**です。

「効率的市場仮説」を理解しておこう
——超過リターンは得られない?

　市場への入り方を理解するうえでは、「はじめに」にも書きましたが、私がよく話す**「効率的市場仮説」**を理解しておくことも大事です。**市場を勝ち抜くには株価を形成する材料よりも、根底である株価形成の考え方や買い主体が今どのような心理なのかを想像することが重要であり、そのためにヒストリカルな手法の基礎を覚えるべきなのです。**

　効率的市場仮説とは、**「株式市場にはすべての新たな情報が織り込まれており、超過リターンが得られない」**とする学説です。パターン化した動き(効率的に儲かる動き)に対しては、市場は先に反応する(このパターンで毎回動くのならば、多くの人が気づいてしまって先に売り買いしてしまう)という考え方ですが、これが正しいとすれば、多くの人が先に買ってしまってそのパターン通りにはならないという学説です。要するに、その場合は投資家がリスクをとって買ったとしても、そのあとに買う人は存在しないから、それに見合うリターンは得られないということですね。

　効率的市場仮説は**「ランダムウォーク理論」**と呼ばれます。これは、**「将来の株価の値動きは過去の株価の値動きとは関係なくランダムに変動するので、チャートなども当てにならないという予測不可能である」**という理論です。「ランダムに動く」という言葉通りの理論であり、だからこそチャート分析では儲からないのです。

　チャート分析は、過去の値動きのデータを利用して将来の株価を予測する手法です。たとえば、株価がレンジで動いている銘柄を見て、レンジの下限で買って儲けようとする手法があります。しかし、全員がチャート理論を実践して理論通りに動いたらどうなるでしょうか?——上がると思ったときにいっせ

いに買いますが、上がれば買わないというのもチャートです。実際には裏切られることが多く、レンジの底で株価が上昇に転じるかと思いきや、サポートラインを割って大きく下がり、損をしたという経験を持つ人も多いでしょう。

将来の株価と過去の値動きが関係ないとすれば、チャート分析など意味がありません。ただし、ランダムウォーク理論は「予測できないことも予測できない」のですから、科学的に証明されたわけではないので、「確からしい」との仮説の域を出ていないのも事実です。

「効率的市場仮説」の解釈は変わった

効率的市場仮説に話を戻すと、前述のように「株式市場にはすべての新たな情報が織り込まれており、超過リターンが得られない」というのが正しい理解ですが、現在は違う解釈になっています。それは、**「株価の予測が当たっている人の情報を他人が先取りしてしまうから、予測通りにならない」**という考え方です。

たとえば、私は源太カレンダーの中で、「ポイントの日」というものを提唱しています。これは相場の流れや物色対象が変化するなどの「兆し」が出やすい日で、多くの市場のリズムが変化をする日です。動き方としては、その日にそれまでのトレンドが変わったり、物色対象が変わったり、それまでの勢いがなお一層激しくなったりするなど、市場の雰囲気が変わりやすいということです。ほかの評論家も「変化日」として、株価の予測に利用することがあります。これを知った人は、その日から動こうとします。よって、その前日には下げ過ぎたり、上げ過ぎることが多くなったりします。

しかし、ポイントの日から多くの投資家が動くのであれば、それよりも前に逆張りをすることが得策だと考えて、事前に動く人が出てきます。すると、ポイントの日は感情の集まりであるから、その感情が分散されて思うような動きにならないこともあります。つまり、**「ポイントの日」が逆利用されることで、「ポイントの日」の意味が変わってしまうのです。**

これは、仮にすべての投資家が「ポイントの日」を知っていると仮定したときの話です。一般的には移動平均線をいくらで割る、いくらで市場が陰転するなどの場面で、その前に何らかの行動を他人が起こすことで予測通りにいかなくなることをいいます。私の力のなさが幸いしてか、ポイントの日の存在を

知っている方はそう多くはありません。だから使えているのです。しかし相当な確率から「変化日」としてカレンダーに書き込んだり、パソコンのスケジュールに入れておく市場関係者は多いです。

　効率的市場仮説によると、特定の手法によって儲かるような機会が放置されることはありません。**手法は、変えていかなくてはならないのです。**ですから、古典的なチャート分析の手法だけで儲かるわけはないのです。

　しかし、それを知らないとそれらを逆に使うこともできません。従って、チャートでは儲からないけれどチャートのことは知っておかなくてはならず、その前に、市場の基礎を知っておかないとそれらは使えない、ということになります。ですから、チャートだけでは収益に大きなムラがあるわけです。

相場は人の心理で偏った動きをする

　ただ、効率的市場仮説も完璧ではありません。たとえば、効率的市場仮説では株価が割高になるバブルの発生や崩壊を説明できないのです。バブルはすべて、人の心理で市場の動きに偏りが生まれるのが理由。それを説明しているのが行動ファイナンス理論です。

　行動ファイナンス理論は、投資家は必ずしも合理的ではなく感情や心理状況に左右されるという、経済学と心理学を融合した理論です。行動ファイナンス理論では、バブルのように誤ったコンセンサスの均衡状態が続くことで、企業業績などファンダメンタルズと大幅に乖離する状態が一定期間続く可能性があることが示唆されています。

　効率的市場仮説に反する事象を、「**アノマリー**」と呼びます。低ボラティリティ運用の中長期のリターンが、より価格変動リスクの高い市場平均を上回ったとする実証研究結果もあります。

　つまり、行動ファイナンス理論は効率的市場仮説がヒントになっています。さまざまな心理がうごめく時間帯は人がそれに備えます。そのためには**アノマリーがなぜ起こるのかという素朴な調査が必要で、そのアノマリーが日程的なものなのか、感情的なものなのかなどを知っておかなければなりません。**そのために今までアノマリーについての解説をしてきたのであり、**アノマリーにはすべて理由があるということなのです。**理由を知って先に攻めたり後から攻めたりするわけですが、そこでチャートが必要になったりします。

儲かる方法がわかれば、同じ作戦を先行して行う人が出てきます。その最た
る例がAIであり、多くの人が買いだと思うような材料やチャートを瞬時に注
文に変え、なおかつ人の心理が誘発されるようなチャートを作ります。そうし
たAIの開発には、証券会社が売買手数料を無料にするかわりに個人投資家か
ら得た、膨大な売買履歴データが活用されています。それによって他のコン
ピューターもこれに追いつこうとして、速度が最大級の武器となり、莫大な金
額をかけてシステム開発をすることになるわけです。

　さらに、AIはこれよりも一歩先に向かっています。つまり証券会社の手数
料を無料化するとともにそのデータを組み入れることで、追証や心理的な負担
を加味する運用に変わってきているのです。これは「行動ファイナンス理論」
を組み入れてきたということです。

　人は立場によって効率的な動きができなくなるということは、「はじめに」
で述べたことですが、AIは追証やファンドの崩壊などの攻撃的な手法もあれ
ば、金縛りで動けなくなる手法なども考えています。膨大なデータをもとに、
どのあたりの値段が壊れたら多くの人が恐怖に感じるのか、あるいは手が出な
くなるのか、追証になって投げざるを得なくなるか、というデータまで入って
いるのですから。

運用者の気持ちを探り、行動理由を考える
——「効率的市場仮説」を実装する

　金融市場は合理的なものか非合理的なものか？　2013年のノーベル経済学賞は、それぞれの説を唱える学者2人に与えられたということで大きな反響を呼びました。「効率的市場仮説は行動ファイナンス理論によって活かされている」と提唱したシカゴ大学のユージン・ファーマ教授は、効率的市場仮説がなければ行動ファイナンス理論は確立されなかったとして評価された一方で、エール大学のロバート・シラー教授は、市場はそれほど効率ではなく、人の行動は常に理性的なわけではないと分析しました。

　私は、もっとも着目すべきは**「人は必ずしも効率的には動かない」**という点だと考えています。「はじめに」で書いたように、立場によって判断が変わることもあります。これについては保持システム（市場における現状維持バイアスのこと。損失を恐れて銘柄を保有し続けてしまう心理）など多くの理論がありますが、その中でも2002年のノーベル経済学賞を受賞している「プロスペクト理論」がわかりやすいでしょう。

「プロスペクト理論」

：認知心理学者ニエル・カーネマンがエイモス・トベルスキーとともに提唱した理論。不確実性の高い状況で人間はどのように予測を立てて行動するかを説明した。この理論においては、以下の3つの心理作用が特徴とされる。

① 価値観よりもある地点からの変化の大きさによって価値を決める「参照点依存性」
② 利益を得るよりも損失による苦痛のほうが大きく感じる「損失回避性」
③ 損得の絶対値が大きくなるほどその感覚が鈍ってくる「感応度逓減性」

　①「参照点依存性」は、価値観のブレで上がるときの1000円は高いが、株価が15000円になった後の1000円は安く見えるなど、価値観の変化を

意味します。②「損失回避性」は、儲かることよりも損することのほうに執着して、明らかに流れが違ったり、ほかの儲かる銘柄が見つかったりしても、自分が保持した銘柄に固執する習性があるということです。③「感応度逓減性」は、100万円を持っている場合に3万円損をすると痛いが、1000万を持っている場合だと3万円の損を軽く考えてしまうなど、損得に鈍感になってしまい、小さな損が拡大してしまうことです。

　これらは効率市場仮説では説明できず、人によって行動が変わるということを表しています。みなさんも思い当たることはあったのではないでしょうか？たとえば、①「参照点依存症」は、上げ相場では評価できなかった株式が下がり始めてそのまま買い下がってしまい、莫大な損金を抱えるケース。IPOの下げ局面でよくあります。

　そして②「損失回避性」は、株式が下がってきた局面なのに儲っている株式を売却し、損した銘柄を保有しているケース。私の場合は、損している銘柄がなぜ上がらないのかを考え、損している株式から売るようにしています。もちろん吟味はしますが。

　③「感応度逓減性」は、うまくいき始めた売買や、満期になった定期預金を資金に追加して損し始めるケースです。まぐれで大きく儲かって次のラウンドで損しているとき、「でも、この前儲かったから」と考えて放置してしまうことはないでしょうか？

　こうした心理をよく見ていく必要がありますが、現状維持バイアスについてはまた機会があれば述べるとして、要するに「絶対に売らなくてはならない時間」「運用のスタート」「気になる記事は何か」など、運用者の立場に当てはめていけば非常に効率的になるということです。つまり、運用者にはやらなくてはならないことがあります。それに対してどのように・いつまでに動くか、彼らの売買の基準は何か？──そうしたことを頭に入れれば、相当な確率でよい成績が確保されます。

「相手の気持ち」を探る──それは仕手筋であっても国内機関投資家であっても外国人投資家でも同じです。相手の行動を考え、そのなかでわかりやすいものから順番に作り上げていくというのが、源太流投資の根本です。

いつ変化するかを考えて売買の計画を立てる
——相場の波を捉える

　将来有望な銘柄は日々出現しますが、それをすべて買うわけにはいきません。**どれを買えばいいのか見極めが重要で、実際に買うときには、順番も大事です。**「一番手が上がらないと二番手は上がらない」といったことがあるからです。つまり、一番手が上がらないと二番手が上がらない前提なのに、二番手を買って一番手の上げを待つならば、その前提の上がる一番手を買うか、二番手を一番手が動くまで待つ、というのが投資の鉄則です。

　「このテーマが動く」と考えて二番手の銘柄を先に買ってしまうとなかなか上がらないどころか、一番手が上がらないと「上がる」と思って買ってしまった人が売り始めたりします。テーマ関連株も、その中心であるテーマが動かないと動きません。

自分の総資産を常に把握して計画する

　銘柄選択の基本的な考え方は同じですが、スクリーニングで出てきた銘柄がすべて同じ動きをするとは限りません。**それぞれの銘柄には賞味期限があります。**また、株価の上昇には波がありますが、市場の持続力によって二番手、三番手銘柄の上昇時間は違います。上昇率や持続力も変化します。

　たとえば、新型コロナウイルスが蔓延して株価は下がりました。その後は回復しましたが、上昇の波は循環して起こりました。感染者が増加するたびに、マスクや防護服などウィズコロナ銘柄の株価が買われて上昇し、やがてワクチン接種が進んでいくと、リ・オープニング銘柄（経済が回復して業績が好転しそうな企業の株式。直近では新型コロナ蔓延からの回復を指す）などが物色され始めます。しかし、その頃には感染者は拡大傾向なのに、マスク株は最高値を取れず下がっていき、新型コロナの蔓延が終わったときのことを前提に、そ

れまで大打撃を受けて決算のよくない株式が上がっていくのです。

つまり、**いったん株式を買ったとしても、ずっと保有しているのではなく、総資産を常に見て、市場が上がれば投資ポジションを落とし、現金比率を高くして、次の投資資金を作っておくことも必要**です。

政治的な日程を把握して相場の波を掴む

相場の波を知るためには、政治的な日程も抑えておくといいでしょう。国内であれば、国会や政治の日程を調べることは難しくありません。国際的なものではG7やG20のサミット、世界経済フォーラムが毎年開催するダボス会議などで重要なことが先に決まることが多いので、日程を把握しておくと役に立つこともあります。大きな日程では米国の大統領選挙や中間選挙、議員提出の議事録がいつなのかを把握することも大事です。

各国の金融政策も、現在の市場では重要です。国内では日銀金融政策決定会合はいつか、米国のFOMC（連邦公開市場委員会）はいつか、FOMCの議事録はいつ出るのかをチェックします。FOMCのメンバーの選定と政治方針はどうかも確認するといいでしょう。欧州では、ECB理事会と英国金融情勢が大事です。これらにより、金利や為替が動いたときにエマージング諸国（中南米、東南アジア、中東、東欧などの国々）の問題はどうなるかも考えます。

もう少し細かくいえば、日銀短観（全国企業短期経済観測調査）や総務省の統計数値の発表日なども覚えておきましょう。ほか、中国、米国、欧州の生産者の数値や雇用統計、GDPなども発表がいつなのかも把握しておきます。私は、日本では街角景気、米国ではISM製造業景気指数などを気にします。生産者が今後どのくらいの製品を作るのかを掴んでおくと、景気の先行きが見やすくなります。

運用者は、これらのデータを気にするときと気にしないときがあります。運用をスタートさせるときには、先行きに対しての方向性を気にしますが、過去から売られた懸念には反応しません。その要因と株価を比較し、その企業の実力と先行きを比較するだけです。つまり、自分が買っていい水準かどうかだけを判断します。

また、前章で述べたとおり、外資系の運用者はファンドの決算や年金の決算

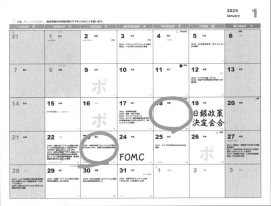

日銀金融政策会合や
FOMC、
高値期日など
株価に影響しそうな
項目をすべて
書き込もう

などの都合で6月、12月に動き出すことが多いので、この時期は株式の上げ下げの動きが忙しくなることが多いです。大きく売られる銘柄もありますが、好決算にもかかわらず売られた銘柄は2〜3カ月後に高い確率で上がってきます。短期的な「織り込み（株価の変動に影響を与えるような材料)」や弱い「材料」は、四半期ごとに影響が弱まりますし、値上がり期待から保持していた運用者が決算で仕方なく売却することも多いです。我々個人投資家はそれを見極めることが大事です。

6月、12月は主役になるべく材料を持つ銘柄が有利に動く

　一方で、強い材料は運用が始まるごとに影響します。新たに運用がスタートするときに強気姿勢でくるならば、まずは強い材料のある銘柄が組み入れられます。その意味で、現在の市場ではソニーやトヨタ自動車などの代表銘柄が、運用が始まる6月や12月に買われて上がるケースが過去から多々ありました。ただし、その年その年で組み入れは変わりますから、市場に対して弱気のときは代表銘柄が売られたりします。

　そうした動きがわかれば、ポイントとなる日に向かって反対売買をしていきます。つまり、**ポイントとなる日の前に持ち玉（保有している株式）は増減さ**

あらかじめ動きを読むのが勝者の鉄則　point

人よりも半歩先を意識して計画を練ろう

計画を練る

 ←反対売買をしていく

ポイントの日

せておき、ポイントになる日に向かって反対売買をしていくわけです。

　こうした案件について、いつ変化が出てくるのかを調べ、調べることができなければ考えます。そうやって先読みすることが重要ですが、そのためには、**「市場の基礎」という当たり前の知識を勉強することが大事**になってきます。

　しかし、多くの人は勉強をしませんし、したとしても忘れてしまい、「あの日が大事だった」と後悔することになります。決算発表がいい例ですが、私は決算を前にみんなが期待して買ってきたら、高い確率で利食いして売っておきます。決算前に買われてしまった場合、決算発表で答えが出てもどこまで評価されているのかわからないし、意外に好決算でも先に買われたら上がらないケースが多いのです。これを**「材料出尽くし」**といいます。

　そのような、**単純な計画（ルール）を自分で立てることが大事**なのです。「感情で動くと駄目」と、よく学校の先生にも言われましたよね。しかし残念ながら、多くの人は忘れてしまいます。**忘れないためには、立てた計画すべてを自分のスケジュール（カレンダー）に書き込み、「いつまでに何をするか」を把握しておくことが大切**です。資産づくりは夏休みの計画表を作るのと一緒です。**宿題を片付けるように1つひとつ課題を達成しながら、自分の資産を守って伸ばしていくのです。**

Chapter 3

「資産管理」で身につける「儲ける基本」

自分の商いデータを 記録して破産確率を知る —「リスクリワード」とは何か

　株式投資では上がる銘柄を当てることも大事ですが、**資金をしっかり管理することも大切**です。**投資にあてるのは自分のお金**ですから、自らの資金状況を踏まえた上できちんと管理していなければ、どこかで失敗します。

　若いときは本業で稼げば取り返せるかもしれませんが、危険なのは年長者。本業で稼げる期間が短いということもありますし、自己資金が大きくなりがちな分、**資産が減ったときのダメージが大きい**のです。

　大きな利益を得た後、一晩でその資産を失う人がいるのも事実です。私は自己管理ができない人で、長く大きな収益を上げ続けた人を見たことがありません。**資産管理は豊かな人生を送る上での基本原則**ですが、**株投資での成功においても重要なファクター**なのです。

「買い」の損失は限定的だが「売り」は青天井

　まず、「買い」と「売り」の特性についての理解から始めましょう。

　「買い」の場合、買った金額以上に損をすることはありません。たとえば、株価が1000円の銘柄を買った場合、株価は0円以下に下がりませんから、最大の損失は1000円と決まっていて下限があるのです。ところが、信用取引で「空売り（保有していない株式を売ること）」を行ったりすると、天文学的に上がるときがたまにあります。その場合、どこまで損をするのかは読めません。1000円で売った銘柄が3000円、4000円になる可能性もゼロではありません。

　ただし空売りの場合、「人の裏を行く」という優越感を抱く人もいるようですが、持っている以上の金額が損失となることもあるので、注意が必要です。私はおすすめしませんが、もし**空売りに手を出すのなら、手に負えない損失を**

招く可能性があることを認識しておきましょう。

オプション取引の「売り」は、特にリスクが高くなります。オプション取引とは「買う権利（コール）」「売る権利（プット）」を取引するものです。

オプション取引では、プットもコールも買った場合は売買代金が最高の損金額になりますが、売りは天文学的な数字になることがあります。特にブラックスワン（ある日突然やってくる予想外で衝撃の大きな現象）のときは上げも下げも大きくなり、一晩で何百倍もの損を抱えることさえありますし、著名な投資家が退場してしまうことも、しばしばあります。

株式で投資全額の何百倍も儲けられるのは事実です。しかし、プラス要因の裏にはマイナス要因がありますから、**儲かるものほどリスクを孕んでいる**ことを知っておかなければなりません。初心者が一発当てようと思って手を出すと、ビギナーズラックは非常に多いのですが、その後の対応において大変なことになることも決して少なくありません。

自分の資産を守れるのは、自分だけです。株の取引というのは、誰かが何かを保証してくれるものではありません。だから、**資産管理は儲けるための基礎**なのです。**株の取引をする際は、儲けることだけを考えるのではなく、投資論を体系的に学び、経済活動のひとつとして向き合わなければなりません。**

「リスクリワード」と破産確率を理解する

リスクリワードとは、１回の取引におけるリスク（損失）とリワード（収益）の比率のことです。たとえば、過去の取引で「買った取引の平均収益」が２万円、「負けた取引の平均損失」が１万円の場合で考えてみると、「平均収益２万円÷平均損失１万円」でリスクリワードは「２」となります。また、収益

リスクリワードの考え方　point

収益が１に対して損失が１の場合	1
収益が２に対して損失が１の場合	2
収益が１に対して損失が２の場合は	0.5

1に対して損失が1の場合はリスクリワードは「1」、収益が1に対して損失が2だった場合は「0.5」となります。

　つまり、リスクリワードが0に近づいていくほどに、損失の割合が大きい取引をしていることになり、当然破産してしまう確率も高くなります。

　破産確率を把握するための計算式として有名なのは、フランスの数学者であるナウザー・バルサラが提唱した数学理論でしょう。破産確率を厳密に把握するにはバルサラの計算式が有用ですが、私は、**儲かった平均額と損をした平均額を単純に引き算するだけでもいい**と考えています。そこに勝率というものが入ってきます。**要するに、過去からの売り買いで引き算を行った結果、プラスにならないのならば、手を出しても儲からない**ということなのです。

　そもそも、あなたは自分の収益と損失を把握できているでしょうか？　この問いに胸を張って「できている」と答えられないなら、**まずは投資の収益管理を行って、売買結果を記録することから始めてください。**自分で自分のデータを集めると、自然と自分の癖を把握できるようになり、破産確率なども明らかになってきます。

　自分を知らなければ、何を学んでいけばいいのか、どういう売買で勝つことができるのかが把握できないと思います。

　運用の軸にすべきは、自分のデータです。他人のやり方を真似するのは簡単ですが、他人に寄りかかっているだけでは自分にとっての最適解は導き出せません。ましてや他人がいなくなったら、運用できなくなってしまうでしょう。

　だからこそ、**初心者は最初のうちは、トレードの投資金額にかかわらず、3000円ほどの利益確保で問題ありません。**少額での取引を何度も繰り返すことで自分の売買データが集まり、自分自身を早く知ることができるのです。

　大事なのは「儲かる投資」ではなく「儲ける投資」、そして「損しにくい投資」です。自分の失敗癖をわかっていると、儲ける投資、そして損をしにくい投資をできるようになります。最初から答えを求めてはいけません。

　また、1つの銘柄にこだわり過ぎないことも重要です。総額の下限を作りながら市場に合わせて増減するという考え方が大事ですので、自分の資産を総額で見るようにしましょう。

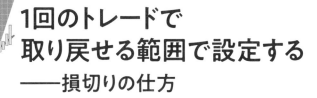

1回のトレードで
取り戻せる範囲で設定する
——損切りの仕方

「損切りはいつすればいいですか?」——そう聞かれることがよくあります。最初から「○%で損切りする」と決めている人はそれなりによいと思うのですが、もう一歩踏み込んで理論的に考えると、株式の考え方が前進します。

損切りは1回で取り返せる利幅を基準にする

　損切りは、もちろんどこまで下がるかはわかりませんから、投資資金を維持するために行うものです。それを取り戻すためには、自分が「一度で取り返せる利幅」を基準に算出するのが基本です。具体的には、**取り戻せる幅（%）の平均を知り、その下げ幅分まで下がったらロスカット（手じまいして損失を確定すること）する**のです。そうすれば、次の商いで元に戻すことが確率的に可能になります。

　「2、3回のプラスで取り返そう」と考える人もいますが、損金は短時間で埋めたほうが自信につながります。勝率が高いならいいのですが、そうとは限らないですから、「どこまでならば早く修復する自信があるのか」と考えましょう。そこがロスカットすべきところなのです。

　1回で取り返せる利幅の算出方法は、「1回の取引で利益が出たときの収益の平均%」です。この幅まで買値から下がったら、損切りすべきタイミングだと考えていくのです。

　上がると思ったものが下がるのだから、何かが間違っているわけです。理屈やファンダメンタルズではなく、機械的に売却していきましょう。そのときに自分の売買利益が出たときの幅（平均%）の範囲内であれば、確率的に元に戻りやすいですし、後は勝敗の確率だけになります。

取り戻せないぐらいまで損失してから「どうしよう」と慌てふためいても、どうしようもありません。そうなる前にロスカットするのが基本なのです。

「損切りはいつすればいいですか?」「いくら損したら売るべきですか?」という質問に対する答えは、**損切りの基準は人によって異なる**ということです。それは損切りするか否かを感情で決めたり、はじめから銘柄に意味を感じて買っていない人の、機械的な「10%で売る」という思考もあるし、私のように運用上の理論から算出した幅をもとにロスカットする方法もあります。人によって考え方が違うのです。

　トレンドやチャートは関係ありません。頼れるのは自分が取り戻せる幅を知っているか、つまり自分の実績だけです。リスクリワードに向かい、自分の損切りのタイミングがいつかを確認し、しっかりと体に覚え込ませてください。**この損切りを体得し取引を積み重ねていくと、必ず大きなチャンスがやってきます。**

リスクリワードが高ければ、勝率は低くてもいい

　トータルで資金を増していくためには、勝率とリスクリワードについても考える必要があります。それをわかりやすく示したのが次ページの図です。

　リスクリワード（損益比率）が1で勝率が25%だと、損益の平均はマイナス50%になってしまいます。反対に、リスクリワードが0.5であっても勝率が67%であれば収支はトントン、勝率77%なら平均16%の利益を得られます。

　リスクリワードが高ければ、勝率は低くてもプラスになります。しかし、一発当てることを狙うのは、その分、ほかで多くの損失を出す可能性が高いということを意味するわけです。大きくプラスにしつつ、ほかもそれなりの状態にしておかねばプラスにはなりません。

　また、**リスクリワードが低いと高い勝率が必要になり、必然的に1回あたりの損切幅は大きくなりがちであることも、知っておいてほしい知識です。**

リスクリワードと勝率の関係　point

勝率 ＼ 損益比率	0.3	0.5	1	1.5	2	3
25%	− 68%	− 63%	− 50%	− 38%	− 25%	0%
33%	− 57%	− 50%	− 33%	− 17%	0%	33%
40%	− 48%	− 40%	− 20%	0%	20%	60%
50%	− 35%	− 25%	0%	25%	50%	100%
67%	− 13%	0%	33%	67%	100%	167%
77%	0%	16%	54%	93%	131%	208%

　上図は、投資信託においてよく使われる有名な図です。リスクリワードと勝率の深い関係性についてわかりやすく示していると思いますが、ただし、**あくまで自分の状況を把握するためのチェックツールに過ぎません。**

　実際には、**「(儲かった金額の合計)−(損した金額の合計)」がプラスになっているかが、勝ち負けの答え**なのです。自分自身を知るまでの１つの方法です。ちなみに私は、儲かったものはなるべく売らないで利幅拡大を目指し、買っていまいちに感じたらそれをすぐ売却してしまうタイプです。

伸びしろの大きい銘柄を探す
──優位性の高め方

　株で儲けるには、優位性についても考える必要があります。**自分の優位性が高くなければ、資産は増えません。**「損をしたくない」という気持ちが募ると、自分の持ち株にとらわれがちになってしまいます。しかし、**優位性を高めたいなら、「企業の伸びしろを見る」「時代の変化を読む」という視点が大事なの**です。

　企業の伸びしろについて考えるときは、業績だけでなく商品やサービスについても深く考えましょう。**時代の変化は、政策や新技術、金利などさまざまな角度から読みとることができます。**

　優位性の高さは、誰かに教わるだけではなく、自分で考えてこそ生まれるものです。アノマリーや個別銘柄しか見ていない人の話は、当てにしてはいけません。**投資対象が現在の市場でどこに位置するかを、自分の頭で考え抜きましょう。**

逃げどきを知って、儲かるものはとことん引っ張る

　優位性を探るためには、**「逃げるときには即座に撤退する」**、そして **「儲かるものはとことんまで粘る」** ことも忘れてはいけません。

　もちろん、自分の持っている銘柄の上限は、誰しも気になるものです。しかし、銘柄が2倍や3倍になったということばかりに目を向けるのは、本質的ではありません。

　照準を合わせるべきは、資産の総額です。目先の値上がりだけにとらわれていてはいけません。自分のシナリオ通りに上向いているときは、ぐっと耐えてください。

　資産の総額が上がってきたときには、投資家が「儲かった銘柄を売る」とい

手放してはいけない銘柄の4つの特徴　point

1　外資や国内運用者の運用スタート時期に大きく上がり始めた銘柄

2　アベノミクスのように、
景気に対する見方が変わったときに上がり始めた銘柄

3　企業の成長が新商品や技術から、
成長が見込まれ大きく変化し始めた銘柄

4　テンバガーの条件にはまった動きになった銘柄
（詳細は Chapter 5）

う行動をとりがちです。しかし私の場合、儲かった銘柄を「損しにくくなった銘柄」と見ます。資産の安定性から考えて、将来性のある株式を半分売るときでも、「儲かっていて将来性ある銘柄」はゼロにはしません。具体的には、損であっても上がらないものや、芳しくない動きをしているものなど、「読めなくなった銘柄」から売っていきます。

　逃げるべきときは即手放すのが大事です。特に初心者は我慢して持ち続ける場合が多いのですが、**損する銘柄は利益率を大きく引き下げてしまいます**。ここで、手放してはいけない銘柄の4つの特徴をまとめておきますから、参考にしてください（上図）。

目標を達成するために必要なリターンを計算する

　目標とする資産額と現在の資産額から、年間で目指すべき利益額が自然と見えてきます。目指すべき利益額が決まったら、1カ月で割って、**毎月必要な利益率を算出**しましょう。**実際にそうならなくても、目標や目的を持つことから、自分が何を行うべきかが見えてきます**。実際に私自身も、毎月の利益率を計算しています。

　月間の利益率がわかると、具体的にどのようにして儲けるかをイメージしやすくなります。例えば、1年で2倍にしたいなら、総額の3割の利益を3〜4

回取るという方法もありますし、一部の資金を、3倍などの上昇を期待する銘柄にあて、その他の資金は利益率は低いが損しにくい、適当に上げ下げする銘柄にまわす方法もあるでしょう。

ポートフォリオで勝つことを考える

重要なのは、**単一銘柄で勝たずともポートフォリオで勝つこと**です。

ポートフォリオは、大きく3タイプに分けて構成するといいでしょう。**現在の地合いとは関係のない銘柄、低位ながらも黒字の銘柄、時流に合わせた銘柄を、それぞれ20〜30％で構成するのがおすすめ**です。ただし、投資はタイミングも重要。買うべきときに買えないのはもったいないので、いざというときのために、全体の投資資金のうち30〜50％程度を現金で持っておく必要があります。

株価が急落したときに、配当や優待などを目的に買うのもいいでしょう。たとえば、コロナショック時のディズニーランドやイオンなどです。暴落時は、安定配当型や優待のあるものは有利になります。

また、高い配当や優待は毎年もらえるので、上がり始めても手放す必要はありません。**資産株として保持してもかまわないケースもあります**。

相場が強いときは、時流に合った銘柄の比率を上げるなど、状況に応じた調整も必要です。ポジショニングは非常に大事で、市場全体が上がると換金して現金比率を上げておき、株価が下落したときに備えるようにしましょう。ただしこのとき、儲かっている銘柄を売って損している銘柄を保持する人が非常に多いのですが、**全体の資金から考えて何が計算しにくいかを考え、成長性や買った位置などから考えて選択しなければなりません**。この場合は損切りではなく、「下がったときに買うために資金を作る」という、意味のある換金案なのですから。

安いときに大きく買って、徐々に売り上がる（＝売りの平均値段を上げていく）のが基本です。市場全体が上がると、資金が増えたからといって当初よりも買う金額を増やす人がいますが、それは損する第一歩です。ちなみに私は特殊で、地合いに関係のないものや高配当のものなどで50％とし、残りの50％

ポートフォリオを組むときの心得　point

低位の 黒字銘柄 20〜30%	地合いに 関係のない銘柄 20〜30%	時流に 合った銘柄 20〜30%

1 すぐに組むのではなく、大きな調整場所まで待つ

2 過剰流動性相場はブレも大きい

3 景気の成長と買い過ぎの狭間は、ブラックスワンが現れやすい

4 運用開始時期に合わせるなど「タイミング」が大事

5 企業変化株は買ってもよい

は、いざというときの勝負資金や短期売買用の資金として確保しています。そして、大きな下落や上昇波動内の押し目で買って上がったら売る、時流に乗っていると感じたならば保持している50％の中に組み込んで余分なものを外す、というやり方をしています。

　そして、銘柄には優先順位をつけておきましょう。つまり、**多くの市場を想定しておき「このパターンで上げ下げしたときに、この順番で仕込み始める」というのを決めておく**のです。長期的視点や利益優先型、高配当型などから投資目的別に2、3銘柄を選んでおき、その狙うべき市場になったときに買う順番を、あらかじめ準備しておいてください。

　上図「ポートフォリオを組むときの心得」も参考にして、強いポートフォリオを作ってください。

損失を最小限に抑え、儲けを最大化する
──利益確定の法則

利益が出たときは、特に丁寧に資産の増減を検討せねばなりません。市場の内容も考慮し、自分の得手・不得手を理解した上で慎重に検討してください。

株価は、安くなったからといってその後、必ず上がるとは限りません。ブラックスワンの場合、想像以上に下げ幅が深いということはよくあることですし、暴落した後も大きな需給が変わっていたら、下がり続けるのはよくあることです。新型コロナの下落などがいい例で、景気の後退から来た急落から損金確保の投げが行われ、さらに大きなファンドが破産、という三段の売りが出ました。

市場の水準が高くても上がるときは上がりますが、**市場が安定しているときのほうが無難**です。また、市場の動きに出遅れたときは少し待ちましょう。電車でも同じですが、乗り遅れた電車に無理矢理乗ろうとしたら、怪我をします。次の電車を待つのと同じように、次の勝機が来るまで待ちましょう。

売ってから上がるのは当たり前と考える

売買がうまくなったり、利益を最大限にしたりする法則はいくつかありますが、**特に重要なのは「売って上がるのは当たり前」という考えを持つこと**です。

売った後に上がると悔しくなるのはわかりますが、売った銘柄ばかりを見ていると、冷静に判断しにくくなります。**売れたということは、その銘柄を誰かが買ってくれたわけですから、「人よりも早くその銘柄を発見できた」と売買の上達を喜ぶこと、そして「誰かが儲かった」と思うことが大事です。**できれば、それを一緒に喜ぶくらいの余裕を持ちたいものです。

利益を最大限にする法則　point

1	急落直後、すぐには手を出さないこと
2	乗り遅れたら次のチャンスを待つ
3	売った後に上がっても後悔しない

益出しや損出しのし過ぎはご法度

　上昇が続いている株式があると、「まだ上がるのでは」という期待感はありつつも、「いっそ多少利益が少なくなったとしても下落する前に売って益出し（利益を確定させること）してしまおうか」と思うかもしれません。

　しかし、**今後も業績好調が続くという裏付けがあるのなら、市場の良し悪しはありますが、基本的には売却はしないほうがいいでしょう。**その会社の中期計画などをふまえて、現状で目標のどの程度かを考えてください。

　そもそも、利益には税金が約20％かかるのです。たとえば利益が1000万円発生したとしても、うち200万円は税金となるため、手取りは800万円にしかなりません。税金は、儲けて売るたびに発生するのです。実現益（実際に得られた利益）を作れば作るだけ、税金は加算されます。見極めは大事ですが、保持して益出しをしないで資産を作るということも大事なのです。

　年末は、大きく上がった株式を売ると税金がかかるからと、翌年の受け渡しまで保持する傾向が生まれます。逆に、損をしている株式は売られがち。それほどまでに、税金は売買の中で重要視されているのです。

　益出しも損出しも、技術が必要。安易に行っては、儲けが減るのがオチです。**いつ売買するのかも大事なのですが、なぜそういう売買を行うのかという意義も大事です。**この2つは持ち株のファンダメンタルスと将来性を考えることと同等に、とても重要なことなのです。

買って下がったら損失の大きいものから売る

　市場が弱くなりそうで、持ち株を売るべきと感じたら、同時に複数銘柄を整理するのではなく、1銘柄ずつ整理するのがおすすめです。熟慮の末に整理する場合は仕方がないと思います。

　私がまず手を付けるのは、損失がもっとも大きい銘柄が多いです。大きく下がっている銘柄ほど、他人も損しています。ですから、意外に下がって底値をついたと思っても、全体が下がるときには期待の少ない銘柄や、口座内の一番まずい銘柄から売られることが多く、損失がどこまで拡大するかはわからないのです。

　そもそも、**もっとも大きく下がっているときは、何かしらの問題があるものです**。損失を最小限に留められるよう、早めに手放してください。反発も、魅力がないと鈍いというのはわかりますよね。

　売るべきか迷ったら、一度売ってみるのも手です。つまり、「迷う」ということは「わからない」ということに等しく、**「わからない」ものに投資するのは避けるべき**なのです。

　売ると、その銘柄の必要性を冷静に判断できるようになります。売った後に再度買い直したくなったら、本当に必要な銘柄である証です。

　また、**株価が下がってきたときは、見方が間違っていないかをあらためて確認するのも大切**です。「下がって、売って、終わり」では、何も得るものはありません。下がる銘柄を買ったのはミスであると、きちんと認めましょう。そして、自分の見方を振り返るのです。

　売る際には、感情ではなく時間で考えましょう。売った時間を書き留めておくのも大事なことです。人は得てして、毎回同じようなタイミングで売っていることが多いのです。そこを変化させることも大事です。

　失敗のない人はいません。しかし、**間違っていたポイントがわかると次に活かせますし、自分を成長させるための糧になります**。現に、強いチームや伸びる集団は必ず勝ち負けに関係なく反省会を行い、より高みを目指すものです。

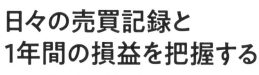

日々の売買記録と
1年間の損益を把握する
──資産の管理法

ここでは、資産の管理法について具体的に紹介しましょう。

個人の「資産の管理」は、「投資信託」における管理の仕方と同じです。その基本を理解しましょう。どの銘柄が儲かっているのか、損をしているのか、なぜ持っているのかをきちんと判断できないと、今後、安定して儲けられないですし、力もつきません。ぜひ、実践しながら読み進めてください。

保有している株の総額を記録する

まず、**買値・株数・現在の値・損益を、銘柄ごとにチェックし、総資産額を出します。そして総資産額をグラフにするのが、私の推奨する管理法**です。これを毎日、行ってください。

なお、年間の損益も必ず書くようにしましょう。いずれ税金対策で役に立ちますし、自分の利回りが見えてきます。税金の還付については後述しましょう。

信用取引と現物取引を区別して記録するのもポイントです。信用取引の量を把握する理由としては、信用取引は借金ですから、比較的早く売買してその総額を把握することが重要なのです。このように記録しておくと、早い売買に向いているか、現物株で長期の投資が向いているかが少し見えてきます。ブラックスワンなどが来たときは、信用取引は持ち玉がないほうがいいのですが、そのためには全資産における信用取引の割合がわかっていなければ、「追証（＝担保不足から追い銭を求められること）」が発生してしまうのです。ですから、今後の状態を想定するために、あらかじめ状況を数字で見ておくわけです。

ひと手間増えますが、自身の反省にも活かせますし、次回選択する上での材料にもなるので、これは徹底しましょう。

point 日々チェックして記録すること

記録するもの

＼銘柄ごとの／　　　　＼ポートフォリオの／

買値	株数	損益	総額
総額	総額	その日までの譲渡損益	

記録するときのポイント

☑ 年間の損益を書き、税金対策に役立てる

☑ 信用取引と現物取引は扱いを別にする

☑ 証券会社の口座にある現金も含めて総資産を算出する

　総資産は、株の資産だけでなく現金、先物や信用取引の評価損益を含めて算出します。 ただし現金は、銀行の預貯金まで含める必要はありません。証券会社の口座における現金のみを計算対象としてください。

　私がもっとも推奨しているのは、あるときから取引口座の資金を決めて、それ以降現金の出し入れをしない口座を作ることです。そこから自分の統計や運用成績を見つめていきます。

総資産の増減を把握することが大事

　細かなノウハウはさまざまありますが、基本はやはり資産管理です。1年間の売買でどのくらい儲かったか、総資産は増えているかを把握できていなければ、目標を達成できているかどうかもわかりません。

　売買利益が出ているのに総資産が増えていないのであれば、利益分の税金を支払って、評価損は抱えたままということになります。税金は取り戻したほうが有効ですよね。後で税金還付策を書いておきます。日々、現在値を確認し、自分のやり方を振り返ることこそが目標達成への近道です。そのために、**想定の利益目標、税金と売買手数料に対しての「進捗率」を把握していきましょう。**

扱いやすい金額は人によって異なる

少額から始め、株価が急騰して利確すると、使えるお金が急に増えます。しかし、**利益のすべてを投資にあててはいけません。**

まずは一定金額を預貯金に回しましょう。口座に資金を入れない、動かさないという前述とは矛盾しますが、自分がいつも使う投資金額より大きくなったら、今までと勝手が変わって損金が膨らみ、不利になったらある種のパニックになり、損金の大きさから心を病んでしまいます。

いくらが適正かは、人によって変わります。たとえば1億円規模の投資を続けている人が1000万円規模の投資に切り替えると、損金が少なく感じられて注意力が下がりがち。1億円のころの感覚が残っているがゆえに、一度に動かす額も大きくなりがちなのです。銘柄が少なくなると、管理や企業の情報管理もしやすくなります。人によって管理力に差があるので、自分に向いた金額や銘柄数は把握しておいたほうがいいでしょう。

税金の還付を最大限活用する

株式投資における税金は利益の約20%ですので、規模が大きいほど看過できません。**税金の還付を最大限に活用する方法としておすすめなのが、クロス取引（売買）** です。

たとえば、今年の利益が1000万円だった場合、税金は200万円、手取りの利益は800万円です。一方、保有銘柄の評価損が500万円であれば、実質的な利益は800万円から500万円を引いた300万円となります。しかし人間の心理として、「損をした」と考えたくないあまり、「今年は800万儲かった」という満足感だけが残ることになります。このような場合は、500万円の評価損が出ている銘柄を売り、同じ株数だけ同時に買い直しましょう。これがクロス取引です。そうすると500万円分がマイナスになり、その分の税金100万円が相殺（還付）され、実質税負担は100万円になります。ですから、益金は「1000万円（益金）－200万円（税金）－500万円（損出し）＋100万円（還付金）＝400万円」となって、実質的に収益が100万円切り上がることになります。

クロス取引をすると株数は変わりませんが、税金が減り、手取り利益を増やすことができます。そして損の先出しから買い単価が下がって、気分も楽になって動きやすくなります。

　ただし、クロス取引には注意点があります。それは、**現物株同士でクロスしたら、買い単価は前回買った単価と今回買った単価の平均値で計算される**という点です。

　前回700円で買った株を売り、今回500円で買うと、平均値の600円で計算されてしまいます。これを避けたいなら、現物で売ると同時に信用取引で買います。後日、信用取引分を現引き（品受け）すると、信用取引での買値が現物の収得価格になります。

　なかには、買いを入れて底堅く見せて株価が上がったときに売る「向かい玉」と捉える証券会社もあります。これは過去から信用期日などで行われる一般的な商いなのですが、現場を知らない新興のネット証券などは、そういう見方をしているところがあります。

　信用期日を延長する場合、信用同士の売りと買いを同時に出せないという不便さもあります。そういうときは、先に売却して同値で買い戻す努力をします。なるべく朝の寄り付きか後場の寄り付きに行います。すると寄値で行うので、市場には影響を与えませんから。

失敗したら、反省と経験を
しっかり活かす

株式市場での予期せぬ下落は、どれだけ勉強しても避けられないものです。ブラックスワンは必ず現れますし、損失が出るのは避けられません。

しかし、失敗にどう向き合うかというのは、意識ひとつで変えられます。**失敗は失敗として認める強さを持つ**——これこそが、何より大事だと思います。その認めるという行為から反省と経験が生まれますが、「他人」のせいにしたり「地合い」のせいなどにしていたら、成長しないですね。

損失が出たときは総額をピーク時に戻すことを考える

損失が出たとき、第一に考えるべきは総額をピーク時に戻すことです。そのためにも、自分の資産総額のピークを把握しておきましょう。ここで仕切り直し、どのくらいで元に戻るのかを考え、計画を立てるのです。

次に考えるのは、「どうすればもっとも効率よく上げられるか」ということ。個別銘柄にどう投資するかではありません。投資の考え方として、大きく突っ込んだほうがいいのはわかりますが、いつも大きく、都合よくは落ちません。ただし、日頃、過熱して急落する物は多く、そうした突っ込み買いをする「逆張り派」なのか、弱い相場でも突っ張っているものを買い、バネのように跳ね上がるのを待つ「順張り派」なのか、自分はどちらが得意なのかを考えて、得意な張り方を考えるのです。

私は典型的な逆張り派ですが、市場が反転してきたときには出遅れを買いに行き、下がる局面では一番業績がいいのに下がり始めた銘柄を、タイミングを見計らって買います。しかし、このやり方は無難なようで、上げ相場では戻り幅が小さいときもありますし、下げ過程では一番下がっていくタイプですか

ら、損失も大きくなります。逆に「順張り派」は早く幅を稼ぐし、下げ止まりを確認して買い向かうから、損はしにくくなります。

ただ、前者は運用成績よりも損をすることを嫌う投資で、後者は利益追求型といえます。あなたはどちらが理解しやすいでしょうか？　理解しやすいほうを選択しましょう。

私は、板や時間などで底入れ確認の仕方を工夫しています。逆張り時は主力の突っ込みですから、反転してきたら市場の一番中心的な銘柄を買っていることになります。板や時間に関しては、169ページで説明しましょう。

グラフを作れば自分の癖が見えてくる

方針を検討する際、資産推移のグラフが役に立ちます。収益の流れを月ごとに確認し、自分の癖を理解しましょう。 どういう局面で資産が増えたのかですが、意外に日経平均と同じように増える人もいれば、私のように日経平均とは同じようにならない人もいます。

私の生徒さんの中には、資産額をパソコンでグラフ化している人もいますし、証券会社によっては自動でグラフ化してくれるところもあります。週に1回は確認したらおもしろいですよ。

グラフを見ると、得意な季節や月があるか、ブレーキをかけるべき局面の特性などもわかるでしょう。つまり、日経平均と同じ動きの人は安定性に欠けていて、注意不足で危険を察知するのが遅いともいえますし、日経平均とは違うタイミングの人は、儲かるべき時に儲けられない、初動に弱いということがいえます。そういうところを少し克服するだけで、利益が相当に変わってきます。

資産管理は儲けるための基本

自己管理は面倒だから続かない、という人もいるでしょう。たしかに、誰にとっても面倒だとは思います。しかし、私の知る限り、**大金持ちになった人はみな資産管理をしています。** 多分、お金がいくら増えたかを見ることが楽しみなのでしょう。

逆に、それだけ注意力が増しているということでもあります。だから、儲

自己管理できていない人の言い訳　point

1	日々時間がない
2	資産にあまり変動がない
3	大体という感覚で見ている

→ これでは
管理とはいえない
見ているだけ

かった人の多くが、総資産を日々見てしまうんでしょうね。

　資産が変動しないとモチベーションが湧かないからきちんと記さない、という人もいますが、それでは見ているだけに過ぎませんし、「お金」に対する意識がいい加減であり、管理しているとはいえません。

　株式投資で失敗する一番多い原因は、狙いが外れて下がったときに損切りしないことです。半分以上の人は、上がると思った株式が下がったとき、損切りできていません。それは、過去にもそうして我慢していたら上がった記憶があるからです。

　しかし、毎日の自己管理を徹底していると、どのような展開になったら資金がどのような状況になるのかが想定できます。つまり、「この場面が悪い方向に向かったら総資産がマズイ」などのシグナルが出やすく、**相場観に関係なく資産管理として損切りできるようになる**のです。自分の口座を守るという意識が大事なのです。

　また、資産管理を徹底すると、世の中の動きやニュースに敏感になります。それは市場の見方が個別株に限った視点にならず、銘柄の上げ下げに関係するニュースは過度に気にせず、総額を守るため市場全体の状況を探るようになってくるからです。先物などを取引する人も、総額を見ることで相対的な見方ができるように変化していくことが多いです。

point　記録を習慣づける心構え

1　他人に報告すると継続する可能性が高くなる

2　成功した人や運用者は必ず資産管理を行う

3　大きく増える瞬間がだんだんわかってくる

4　儲かるタイミングを知ることで、損切りが怖くなくなる

5　値動きやニュースに敏感になってくる

6　自分の資金だから管理するのは当たり前である

　何度も繰り返しますが、**資産管理は儲けるための基本**です。**基本を怠っては儲けられません。**資産管理をまだしていないのなら、今日から始めてください。

Chapter 4

「自分」と「市場」を理解して
「儲かる投資家」になる!

源太流・禁断の戦法

4-1

強気相場の買い集めや
弱気相場での売却で利用される
——「計らい商い」を学ぶ

　「計らい商い」とは、売却委託者が売却値に幅を持たせて証券会社の担当者（多くはトレーダー）に売却を任せる注文方法のことをいいます。最近では場外クロス商いで片づけていますが、かつては市場内で大量商いの執行が難しく、委託していました。

　現在クロスが主流なのは、苦労して売買するよりも手数料を支払って1つの値段で決めたほうが楽だ、という考え方からです。委託者が必ずしも専門職ではなく、事業法人では財務や経理担当者ということもあるため、最近は年金といえども単なる「管理者」になっている傾向です。

　クロス取引で引き取った株式は、「ブロックオファー」という名前で市場を壊さないように証券会社が引き取って徐々に売却するため、市場を壊すことはありませんでした。しかし、最近は手数料として値段を大きく割り引く「手数料込み」が多く、引き取った後から大きく割り引いたところまですぐに市場に売り注文を出し、株価を壊してしまいます。だから市場の影響が大きくなってきているのです。

　個人投資家が使う手法ではありませんが、相場への影響が大きいのが特徴です。投資で成功したいなら、これをきちんと理解しておかなければなりません。逆手にとることができる行為で、その企業の良し悪し抜きで売ってきますから、そういうクロス商いを見つけたら、企業さえ問題がなければ2日ぐらい待って挑戦してみましょう。

大量の株を売買するときに利用される「計らい商い」

　まず、**一般的な計らい商いは、銘柄を大量に売買するときの手法です**。1銘柄に限らず、複数銘柄の注文もあります。しかし動きとしては他も同一ですか

ら、1銘柄の動きで説明しましょう。

　計らい商いは、主に機関投資家や事業法人、外国人投資家などの大口投資家がよく使います。計らいを引き受けた証券会社の担当者は、すべてを一度に売買執行しません。すぐに成り行きで売買するならば、トレーダーなどの専門家に任せる必要はないですからね。

　ですから委託する大口投資家は、「市場に影響が少ないように」などの考えや、想定している価格の範囲内で売買するなどの制約があり、トレーダーなどにそれらの条件を伝え、売買してもらうのです。しかし、委託した大口投資家がずっと売買完了まで見ているわけにはいかないですよね。

　委託されたほうはうまく商いが執行できたら、顧客（大口投資家）が満足するため、次の商いにつながるという算段があります。だから、買い注文ならば「少しでも安く買いたい」などと考えます。その評価の1つが「VWAP（売買高加重平均価格）」という指数です。VWAPより下は買いで、上は売りで売買したいと考えます。ですから、あまり成功意識が強いとうまく売り買いができず、大引けが近くなるにつれて一気に売り買いするような失敗もあります。5分足チャートで見ると、次ページの図のような具合になります。明らかに慌てた雰囲気がありますよね。

　最近は、1日の平均値では責任が重いから、少し長めに処分日程を延ばすなどの工夫や前場執行などで行うケースも多くあります。前場の2時間半で売り買いしたら、終日に比べれば妨害が少なくなります。1日の長い時間ですと地合いの変化もあり、他の注文が来たら売買しにくいからですね。株式売買は、思うようなことにはならないことが多いのです。

計らい商いにはさまざまな条件がつくことがある

　前述したように計らい商いには、VWAPで売る場合もありますが、「〇円以上で売ってほしい」「相場を崩さないでほしい」などの形態以外に、「今月中に200万株売ってくれ」あるいは「その日のうちに50万株頼む」など、売買期間に関する要望も少なくありません。

　そのなかで、たとえば**「今月中」の場合は「20日前後」が基本**です。現在は受け渡しが短くなったり株券の移動が機械化されたりしたので、もう少し月末まで商いしますが、基本的には20日あたりという考え方で大丈夫です。

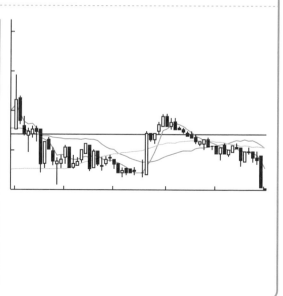

時刻	出来高	約定値
15:00:00	773,700	1,790.0
14:59:59	13,000	1,790.5
14:59:59	10,400	1,791.0
14:59:59	100	1,795.0
14:59:59	100	1,795.0
14:59:59	800	1,795.5
14:59:59	900	1,795.0
14:59:59	400	1,791.5
14:59:59	3,000	1,792.0
14:59:59	9,400	1,792.5
14:59:59	4,200	1,793.0
14:59:59	1,100	1,793.5
14:59:57	200	1,795.0
14:59:57	1,200	1,793.5
14:59:56	400	1,795.0
14:59:56	500	1,794.5
14:59:55	2,600	1,794.0
14:59:55	200	1,794.0
14:59:55	100	1,794.5
14:59:55	7,400	1,795.0
14:59:55	100	1,795.5
14:59:55	200	1,795.0
14:59:55	500	1,795.0
14:59:55	400	1,795.0
14:59:55	300	1,795.0

　過去には、最後の株数などの確認作業や売買金額確認の時間が必要でした。今はその傾向が残っているため、20日前後で市場の方向が変わることが多いです。買い注文などが続く強気相場では、**「月の20日に物買うな」**という格言もあります。

　「その日に売ってほしい」という要望を出したときは、先ほど述べたように大引けに向かってドカンと売られるのが通例です。すると大引けの株価が下がり、引け値よりも平均で上で売ったことになりやすいため、大引けで株価が下がることが多いのです。ただ、想定以上に株式が上がってきた場合は、一度買い戻して、新たに売り直すときもかつてはあったようです。

　株数を指定した売買でよくあるのは、**指数に組み入れられている銘柄の入れ替えに伴うもの**です。たとえば、日経平均の指数内銘柄に変更があれば、連動しているインデックスファンドも入れ替わります。指数内の銘柄変更は公表されますので、そういうときは特需やクロスなどの発生日をチェックしておきましょう。

その銘柄はあらかじめ公表されている「組み替え日」に特需が発生し、特殊な売買が生じ、後日、計らい注文やクロス取引などが起こります。しかし、加重見直しや組み替え、大きなファンドの運用採用・除外などの売買が幅を利かすと、ファンダメンタルズではなく需給が相場を決めてしまい、味気ないですね。

長期間売られている銘柄は、計らい商いのケースもある

計らい商いでは、数カ月間の期間指定がなされる場合もあります。特に悪い状況でもなく、物色対象の一角なのに、数カ月にわたって上値が重かったり大引けに売り買いの関与の形があったりするものは、計らい商いの可能性を考えてください。

バブル時代の後半は、富士通などの日本株を数千万株買っていた外資系投資家もいました。「成長分は持つが、成長が鈍化したら一定量減らす」と言っても、3000万株ほどの注文が来たそうです。そういうときに「数カ月で売って」という注文が出ていたと聞きます。

計らい商いの場合、最初は価格を崩さないように売買しますが、期日が迫るにつれて乱暴な商いになることが多いです。つまり平均値ですから、前半にそこそこ売れば、後半は売却金の平均値を下げるように売買されやすいともいえます。これは、最終的に売却量が減れば、適当になってしまうからだといわれています。

1カ月の場合、平均価格を20日に向かって高値や安値が顕著になるなら、計らい商いを疑うといいでしょう。ゆえに、大底は20日前後が多いのです。

大量の計らい売り注文の可能性があるならば、個人投資家は毎月20日過ぎまでは手を出してはいけません。計らい商いの注文は20日でいったん切れ、翌月に売りが再開するまでの間でリバウンドすることがあるので、そのタイミングを狙うのです。ただし数カ月にわたる売りもあるから、見分けるのはなかなか難しいでしょう。その場合は「市場の方向性」というのが大きなポイントで、市場の方向に対して反対の注文は一時的なことが多いのです。また、何月なのかと考えたり、決算発表が近いかなどはよく見たりしておきましょう。売りが出そうなイベントがあるときは、向かっていくことはありません。

逆に**計らいの買い注文が多いのは、アベノミクスのように強気相場のときで**す。売りが20日前後まで買えないとしたら、買いの計らいが相手であればその時期まで持続して売却するという策も可能です。強気相場では、買いたい銘柄は人気があるから集中的に買われやすいのです。M&Aなど大口投資家の買い注文は、存在をわかりにくくする狙いで「ステルスの買い」といわれる神出鬼没性を出すため、買い手側が数社に分散して計らい注文を出すときがあります。一般的には3カ月ぐらい経って見直しされることが多いです。

　一定期間を過ぎると、ピタリと上昇が止まります。これが昔から、チャートのアノマリーで**「小回り3カ月、大回り6カ月」**といわれるゆえんです。この動きは急に止まるので、初心者でもわかるほどに明瞭です。上昇が長く続いたときは、少し買うのに注意するべきでしょう。

　最初は好景気期待から機械株が反応し、その次に不動産株など資産価値が変わる物が上がっていくのですが、**長い上昇相場の場合は恩恵を受けそうな銘柄が順々に買われていくのも特徴といえるでしょう。**

　弱気相場での売却は、バブル崩壊後には顕著でした。これは買いの反対ですが、先行きが絶望的である場合はすべて売ってくるから、とにかく売りが厳しく、委託しないと売れないのです。売却者はほかにも世界中の注文があるので任せますし、その注文を悪徳業者などの第三者に話すタイプもいることから、先にその銘柄が売り叩かれ、その後計らいの売りがきたりして、守秘義務が甘いころは危険でした。

　いずれにせよ計らい商いは、状況に応じて期間や金額が調整されますが、近年は長期投資がファンドの決算などから年単位での成績確認になってしまい、過去の米系年金のように10年見直しなどの長期でないため、こうした一部の銘柄に大量の注文は少なくなっています。従って、量的に限られているため計らい注文は減り、クロスして業者に引き取ってもらうという商いが主流になったのでしょう。

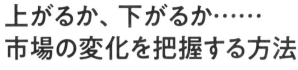

上がるか、下がるか……
市場の変化を把握する方法
——簡単な板の見方

　市場の変化を見極めるのは、誰にとっても簡単なことではありません。需給の波を見たり分岐点に注目したり、見極める手法はさまざまありますが、**外国人投資家の先物手口を知るのも有用な手**です。

　外国人投資家の影響は現在の占有率からいっても甚大で、彼らが買い始めると株式先物が上がります。問題が起こる前のクレディ・スイスは、売り買いが非常にはっきりしていて影響力がありました。現在でも、政治家や大統領のブレーンが多いことから政治的な動きに強いゴールドマン・サックス証券も、確認しておきましょう。市場への影響力が高まっているバークレイズ証券もチェックすべきです。

　とにかく、**買い越しや売り越しが偏っている企業の動向には気をつけてください。最初は証券会社に対して先入観を持たず、どこが買っているのかという事実のみを見ていくことが大事です。**

先物の手口を見る癖をつける

　先物の手口は、2023年11月6日からJPX（日本取引所グループ）が発表方法を見直しました。その後、証券会社で手口が公開されることは少ないですが、JPXで公開しています。情報端末系の「みんかぶ」さんなどは翌日には公開しています。建玉残高（信用取引で売買してまだ決済していない残高）の増減を見ておきましょう。地味な作業ですが、手口を見る癖をつけ、外国証券が継続的な買い越しや売り越しをしていないか注視しましょう。

　9時半や10時、10時半からの分足に何か変化が出てこないかを見ておくことが重要です。主導権を握った企業が動き出すかもしれません。毎日確認し続けると、しだいに市場の方向性を読めるようになります。

→建玉などを見て、変化やどこが増減しているかを見ておく
→買いはよいが、売りのときは出遅れが致命傷になる
→しかし、1つの市場の傾向は見えてくる

前場と後場で相場の方向が変わることもある

　既にお話ししたように、前場と後場で相場の方向が変わることは少なくありません。市場環境に何も問題がなくても、後場になると需給が変わることがあります。注文の質のときもあれば、逆向きで始まることもあるのです。

　なぜ、このようなことが起きるのか？　好材料の銘柄を前場で買ったのに、後場で下がってしまうことがあります。その理由としては多くの場合、買いたいと思っている人が前場で一巡したためでしょう。勢いがあるときはいいけれど、昼休みを挟んで冷静に見たら位置が高く、新たに買う人にとっては魅力がなかったり、急に上がったのに気づかなかった人が売り始めたり、といった可能性があります。つまり、**価格と材料のバランスが悪くなっている**のです。

　私は、**後場で逆向きに始まった場合は、前場の高い引けこそが間違っている**と考えます。高値引けで終わったときは「なぜそうなったのか？」と考えて、少し冷静になります。前場の引けは基本的に「後場の期待」が詰まっている反面、「後場から誰が評価するのか？」と考えるようにしています。逆に、下がったときも悲観しないで「次に誰が売るのか」と考えます。売りたい人が全員売ったかもしれないですからね。その判断を冷静に行っておきます。

　大概はいきなりの売り物ではなく、13時あたりで1回息切れするというのが1日のリズムで多いですが、見分け方としては、前場の引け後の板に対してその指値が後場もあるかどうか、あるいは前場よりも後場寄りに、売物が少し離れたところで出始めていないかなどを確かめておきます。前場だけの買いだったのか、後場の売り物は上がったのかに気がついてきたわけですから、上がらなかったら売りが下がってきやすいといったように考えるといいでしょう。

前場と後場が反対方向の銘柄が多いときは、「逆転の板」といって市場全体が変化し始めているサインでもあります。「他人の気持ちを考える」という発想で市場を見ると、「自分が上がると思っていたものがそうではない」のですから、自分の何かが違っているか、風向きがどう変わっているかに少し注意しましょう。日経平均などで起こったらニュースなどが出ているかを調べるのと一緒なのです。1銘柄ではなく全体的に、あるいは日経平均採用銘柄ばかりに出ているのであれば、市場は方向性が大きく変わりやすいので、そのあとに再度前場と同じ方向に向かっても次のタイミングは狙いやすくなっています。

板を見て「買い」か「売り」かを判断する

「板」を見るのも、市場の変化を把握するための有用な手法です。**板というのは、株式の売り買いの情報（売り買いの株数表示）を表示する画面のこと。**昔は鉛筆で板の上に置かれた紙に、売り買いの注文を「仲立ち証券（実栄証券）」が書いていたのですが、その頃の名残りで現在でも市場では「板」と呼ばれています。

板の見方の基本は、「なぜ、ここに注文を出すのか」を考えること。ここが重要なんです。ここまで読んでこられたように、「相手を知ろう」という基本的な発想で考えることなのです。**板に表示されている情報は最も正しい現実であり、誰かの意図が込められています。**

指値は、その価格で売買できると思っている人がいるということです。一方、成行で注文が入ったなら、その人は絶対に買いたい、あるいは売りたいという気持ちを持っているということですよね。そのように考えてみたら、「板を読む」ということが奥深いと思うのではないでしょうか？　巷では「こういう板の形は上がる」などとよく話されますが、要は月や週の動きと一緒なんです。

つまり、**なぜそのような板の状況になったのかを考えてください。**アノマリーやチャートのように、「なぜそうなるのか？」を突き詰めることが大事です。

注文の意図を探ると、「上がる板」なのか「下がる板」なのかが見えてきます。判断するときに注意したいのは、市場関係者なら誰もがいう「株価は板の

主体者の意図を自分なりに想像しよう

☑ なぜここに注文を出すのか？

☑ なぜ指値か？なぜ成行か？

指値＝その価格で売買できると思っている人がいる証し
成行＝何が何でも売買したいという気持ちの表れ

厚い方に流れる」という言葉です。アノマリー同様、こうしたものも「なぜだろう？」と考えてみましょう。

　売り板が多くてもそちらに向かうのは、みんなが「この指値までは来るだろう」と指値しているからであり、すると上値に売り物が多くなります。「この指値までは来ない」と思っているのなら、指値は下に下がっていますよね。また、買うほうも「待っていたら買えない」と思うからこそ、上値の売り物のあるところまで買うから、下の買い指値が少なかったりするのです。だから、強い板なのです。

　ですので、**「売れると思うから上値で売り物を出す」**という考え方をすることが大切です。**表面的に捉えるのではなく、深く読んでください。**この癖をつけたら数段早く、うまくなり、市場と呼吸を合わせることができます。これが世間で多くの人がいう「売りが多いほうが上がる」という言葉の裏なのです。しかし場合にもよりますから、形ではなく理由を知ることが大切です。

同時刻に細かく出された注文はアルゴ注文の可能性が高い

　同じ時刻に少数株数の連続注文があった場合は、アルゴ注文（事前に登録した条件に合致したとき、自動で注文される機能）だと考えましょう。これほど多くの注文は人間にはできず、機械だけがなせる技です。下図の商い場面では、100株単位のものに途中出た注文が混ざったものです。先物などははっきりとわかります。

　個別銘柄で同じ時間に連続で同じ値段で注文が出たら危険、あるいは動きが掴みにくいと捉えてください。アルゴ注文は資金が大きく、個人では対応できないからです。抵抗してはいけません。私は取引を避けるようにしています。先物の場合、それが常であるから売りも買いも外資同士のぶつかり合いになりますので、気にはしませんが、時間通りの商いをしていけば乗り切れます。

時刻	出来高	約定値
14:06:49	200	660
14:06:49	900	660
14:06:49	100	660
14:06:49	200	660
14:06:49	100	660
14:06:49	200	660
14:06:49	100	660
14:06:49	500	660
14:06:49	200	660
14:06:49	100	660
14:06:49	100	660
14:06:49	100	660
14:06:49	200	660
14:06:49	100	660

動いている銘柄に対し、動いていない銘柄を見る
──対角の考え方

　相場のチェック方法の1つに、**「対角」**という考え方があります。これは、市場のファンダメンタルズに対して株価が動いている銘柄とは異なり、投資する理由がなく、動きのない銘柄のことです。場合によっては、日経平均や市場の盛り上がりに対してだらだら下がっているタイプといえるでしょう。

　いわゆる「蚊帳の外」銘柄ですが、この対角銘柄はさまざまな気づきをもたらしてくれます。月間騰落率で上がった業種より下がった業種を見るほうが儲かることが多いように、対角を見ることは重要です。

　要するに、ずっと強いままということは滅多にないということです。現在動いている銘柄が「いつ天井を迎えるか」と考えがちですが、**「天井になったら、今、止まっている株が動き出す可能性がある」**と考えるのです。

対角を見て買い余地があるかを判断する

　対角を見るときにまず考えたいのは、買うべき余地があるかどうかです。ただし、安いだけでは「余地あり」ということにはなりません。**ものの考え方においては、「安いには理由がある」と思うことが大事。**スーパーや百貨店で安売りするときは、生鮮食料品であれば時間的な価値が、高級品ならば人気度などが価格を決定しますよね。だから、安くなるには理由があると考えるのです。

　しかし、安いから価値があるということもあります。現状の経済が続かないと見た場合は逆に、「何が浮上するのか」という考え方から入りましょう。

　米国が金利上昇過程にあるとき日本では、「金利上昇は新興企業には不利」として大型割安（バリュー）株が買われましたが、対角としては先端技術や

DX関連などの情報通信株の小型が急落しました。そこで、米国が金利が止まるということから、多くの人は動く株式をリスクオンとして買いにいきましたが、私は下がる新興企業をコツコツ買いました。

バリュー株を狙っていた発想が金利上昇にあるなら、金利低下が始まったら、資金調達が難しいといわれる新興（グロース）企業がお金を借りやすくなるということで、時代で必要な技術株がドン底にあると考えられます。DXやセキュリティなどは必要不可欠ですからね。不景気だから生産性を上げるための機械化も必要になり、つまり、買う余地が対角に生まれたということです。

買うべき余地があるかどうかは、1つの銘柄のみを見るのではなく、業種全体で考えます。業種全体を俯瞰すると、底（変化）が近いかがわかります。業種全体では業績回復は難しくとも、一部企業が好決算などになってくると要注意で、現状の市場に問題が生じていないかをチェックしましょう。

対角が底値の限界に近いなら、今上がっている銘柄も売り場の可能性が高いでしょう。それまでの発想で「この株は上がる」と思ってもすぐに決めつけてはいけません。**対角株を見て、「今は動かない」と確信できたら、今の強い銘柄を肯定してください。**

「軽量株と大型株」や「新規上場株と銀行株」も対角となる

対角にあたるのは、動きのあるもの・ないものだけでありません。**軽量株と大型株、新規上場株と大型株、過去の産業であるバリュー株と次世代産業などのグロース株も対角になります。**

また、日経225銘柄とTOPIXの上昇比較をする「NT倍率」も、対角の考え方だと思ってください。上げ率が違うなど、日経225銘柄は上がっているのにTOPIX全体が上がっていないときもあります。日経平均は225銘柄で、現在の経済に即したものが多い傾向があります。一方、TOPIX大型株は過去からの資産価値のある企業が多いのです。その指数の格差を考え、金利が上がり始めたら資産の多いTOPIX株が有利で、金利が止まり始めたら時代にマッチした日経平均採用銘柄が上がりやすい、という習性を考える投資方法も可能です。

このNT倍率の上げ下げが極端になっていくと、反対の銘柄群が割安で下値

point　　　　**対角の考え方**

☑ **「対角」とは今動いている銘柄に対して、**
　動いていない銘柄を見ること
　→まずは、「買い予知がないのか」を考える
　→安いからだけではない
　→個別に考えないで、総対的に考えていく
　→決めつけないことが大事である

☑ **対角は上がるものと下がるものだけではない**
　→軽量株と大型株
　→225 採用銘柄と TOPIX
　→輸出株と輸入株
　→外需株と内需株
　→過去産業と素材産業　など、たくさんある

に行きにくくなり、そうなるとおのずから反対の銘柄群が上がりにくくなるという考え方になります。代表的な運用法では、日経平均先物買いのTOPIX先物売りなどがあります。

　為替に敏感でなければいけない人は、輸出株と輸入株を対角として見るのがおすすめです。機械や電気は輸出株、穀物や原油は輸入株になりますので、対角に動きがちです。

銘柄同士の値動きの関係性を見極める
——同一ファンドの考え方

「投資信託」は投資目的で集めた資金で、「ファンド」は一定の運用目的（ルール）で集められた資金という分類をします。つまり、ファンドは本来「基金」なのです。ですから投資目的で集められたファンドは投資信託と同じように表現され、市場では同じ意味のように解説されます。このような運用資金の考え方について紹介しましょう。

その前提として、同一ファンドには複数の銘柄が組み込まれていますが、1つの銘柄に動きがあるとファンド全体にも影響があります。たとえば、一定の投資尺度で買われたA株とB株とC株で構成されているものがあるとしましょう。このとき、A株とB株が上がると利食い（値上がりして含み益が生じたところで売却し、利益を確定させること）が起きます。その後、動いてないものが動くケースが多いのですが、1つは同一の尺度から選択されたものだから他人が注目したり、「同一ファンドにあるものならば動くかもしれない」という思惑があり、買いが入り始めることもあります。

なかには、売った資金で買い対象がないため、上がっていないC株をテコ入れしたいという考えもあるでしょうが、出遅れや割安という視点から買い増ししていく場合もあります。つまり、同一ファンド内にあるものは連動しやすいということなのです。

たとえば環境ファンドなら、太陽光発電やEVなど分野がありますが、同時に動くことは少なく、太陽光関連が来たら先にEVを買っておくなど、ファンドごとのテーマで分類しておくのもいいでしょう。**同一ファンド運用には、一定の傾向があります。**対角だけでなく関連株という見方で見ていくと、市場を読みやすくなるでしょう。

　同一ファンドの傾向を知るには、投資信託では何を買っているかを記した「運用報告書」がその投資信託の保持者に配布されます。それを読んで、どのような銘柄があるかをチェックしましょう。ファンドごとに運用方針が書いてありますからそれも見ておくべきです。すると、市場でよく起こる「テーマ買い」のとき、あるいは物色対象が変遷していくときに助かることが多いです。

　外国のファンドなどは銘柄がわからないですが、**傾向を知るには、その日に値上がりした上位10銘柄を毎日記録し続けることがおすすめです**。傾向として、徐々に持ち株を増やすから同じ日に上がることが多いなど、そのときの銘柄も大事ですが、業種などの傾向を探っておくのです。ファンド銘柄のリバランス（入れ替えや組み替え）もありますから、バランスファンドやMSCI（モルガン・スタンレー・キャピタル・インターナショナル）などの情報には注意が必要です。

　しばらく続けると、しだいにリズムが見えてくるでしょう。「A株が上がるとB株も上がる」「A株が上がった3日後に同じ業種の違う株式が上がる」など、動きの特徴がわかってきます。**リバランスやリズムは意外に繰り返しますので、勝機を見つける一助になるはずです。**

　ファンドの傾向を見破る有名なものの1つに、安川電機（6505）があります。安川電機の本決算は2月、中間決算は8月です。一般電機や機械株の場合は3-9月決算が多く、同社はロボットや機械関連株ですから、3-9月決算の企業よりも2週間ぐらい早く決算発表をします。そのため、その後の電機株や機械株の一定の傾向が出ます。このような事情から、運用者の多くはこの安川電機という企業に注目する人が多いのです。だから同社はいろいろなファンドに組み込まれていることが多く、それぞれ関連して3月決算ものなどに影響します。

　こういった指標の株式を見つけたら積極的に覚えておいて、次に活かしましょう。

　覚えるときは、順番を間違えないようにしてください。たとえば半導体の場

同一ファンドの傾向の見極め方　point

☑ **最近は PC で保存できるので、分類しておくといい**
- →同一日に目立って上がった銘柄
- →銘柄によって、少しずつリズムが違う
- →全く関係なのに、A が動けば B が動き出すこともある
- →リズムもあるが、資金的に似たようなものが存在しているかもしれない
- →そのときに、市場の方向性や動きから中期短期など見分ける

☑ **同一材料株（テーマ）の順番を覚える**
- →半導体でも、半導体そのもの、製造装置、シリコン、AI などと分類する
- →個別独特の材料はあるだろうが、次回から役に立ち始める
- →各材料（テーマ）で細分化するのもよい
- →パワー半導体、全個体電池などは、個別に動き出す傾向が強い

合、半導体と一括りにいっても、前工程と後工程があります。前工程が製造装置なども「作る」部分としたら、後工程はそれを使えるように加工するプロセスで、独自に必要な装置もあり、当然その装置を開発・製造するメーカーも存在します。さらに、半導体そのものが動くときと、半導体の製造装置が動くとき、材料のシリコンが動くときなど、動くタイミングが少し異なることも多くあります。半導体でも次世代型の「パワー半導体」関連が動いているのか、一般的なものが動いているのかも大事です。ですから「なぜ買われているか」をよく見ておきましょう。生成AIや大規模言語は、半導体メーカーや前工程の装置を開発するメーカーと並んで、社会的にもとても重要な役割を担っており、そこには日本企業も名を連ねています。半導体相場というのが複雑な部分で、買われている理由で銘柄が違ってくるのです。

　また、「なぜそれらが高いのか」を考えれば、製品だから電気がきたり自動車が動いたりしますが、最終的には材料や荷物を運ぶ運輸や倉庫、そこにAIを絡めたら商品の管理システムまで行き着きます。

　物色の変遷を予測するためには、業界地図を参考にするとよいでしょう。 業界地図には、企業間のつながりが掲載されています。業界地図を見ながら、

「半導体が好調なら、次は半導体を作るための機械が売れるはず。すると、原材料も必要だろう。次に出番が来るのが運ぶ役割だ」と連想していきます。

　間違っても、運輸を先に買ってはいけません。そのテーマが長続きするのか、あるいは経済規模や量が先にわかれば買ってもよいですが、**そうした市場の強弱も考えて変遷を想定していくことが重要です。**

　リズムに気づき、他人より少し早く買うと有利になれます。ただ、**早過ぎると失敗します。**半歩先くらいを意識するとちょうどいいでしょう。

手間を惜しまない

　もしかしたらあなたは、「ファンド資金内の動きまで、日々の動きを確認せねばならないのか……」と作業量の膨大さに気落ちしたかもしれません。しかし、同一ファンドのチェックは週末にまとめて行うのでも十分ですし、まずはファンドの組み入れ銘柄に関する月次レポートを見るだけでもいいでしょう。**最初のうちはとにかく、そうした「経験値」を蓄積していくのです。**

　行動ファイナンス理論では、「自分の悪い部分を補うのは経験値と客観的な順位付けである」といわれています。**まずは整理すること、そして関連株を覚える手間を惜しまないということが大事です。**慣れてきたら、無駄だと思うものはやめていけばいいのです。

　大切なのは、日ごろから関連性を調べて傾向を見つけることです。傾向を見つけておけば、いざというときすぐに動き出せますし、経験値からいちいち調べ直さなくても、すぐに見るべきところがわかるようになります。そうして先に見ておくと変化に気がつきやすく、他人よりも半歩早く買うことができます。

　傾向を知り、パターン化していくことで発想が早くなります。ときには「条件反射の買い」という有事のときの対応なども覚えていけるでしょう。災害時の対応、そのなかでも津波などの湾岸型の被害や内陸部の土木型の被害といった種類がありますが、ほかにも猛暑に大雪、台風、地政学リスクでも近隣問題と遠くの砲声——これらをちゃんと頭に叩き込んでおくべきなのです。

　そして、買う銘柄を発見したら必ずメモに残しましょう。メモは備忘にとても有効ですし、リストが増えるほど自信とやる気が高まるはずです。

「将来を買う投資」と 「過去を買う投資」の違い ——グロース投資とバリュー投資

「グロース投資」と「バリュー投資」という分類方法も、株式投資において不可欠な知識です。社会の状況を見ながらそれぞれの比率を変え、時代に即したポートフォリオをキープしましょう。

グロース株とバリュー株

まず、グロース株とバリュー株の定義から説明します。**多くの人は「グロースは成長株、バリューは割安株」と分類して覚えていますが、ここが第一に陥りやすい誤りです。**このように覚えていた人は、のちに説明するグロース株とバリュー株の考え方をしっかり理解してください。

グロース株とは本来、新興企業に多く、新しい技術や新商品などの「成長産業」に多くあります。DX関連やバイオ、新しい世の中の動きによって生まれた言語チャットやセキュリティなど、将来的に期待できる可能性からPER（Price Earnings Ratio：株価収益率）が高く、売れ行き以上に研究開発費が必要な小型成長企業に多いです。株価が大きく上昇しやすい反面、急落するときもあります。**代表的なのが、情報技術、人工知能、バイオ、システムなどです。**

一方で**バリュー株は、成長性は安定的ですが資産の多い企業で、成長性があまりなくPERも低いです。**しかし配当利回りや安心感がある企業で、モノの価値が上がる（インフレ）ときに強いのが特徴です。**鉄鋼、繊維、電力、倉庫、不動産、陸運などに多く見られます。**

グロース株とバリュー株のどちらがいいということはありませんが、基本的には好景気に強いのはグロース株、不景気に強いのはバリュー株です。好景気には伸びる力が必要ですし、不景気では潰れないだけの資金が必要となるからです。

point　グロース株とバリュー株

☑ グロース投資＝「未来」に比べて今のほうが割安
☑ バリュー投資＝「過去」に比べて割安だから買う

つまり、グロース投資は「将来を買う投資」であり、
バリュー株は「過去を買う投資」という発想を
根本的に持つことが大事

グロース投資は将来と比べて割安な銘柄を買う

　グロース投資は、**「将来の収益に対して買う投資」**と言い換えることができます。**グロース投資で必要なのは、将来どこまでその企業の業績が上がるのかだけでなく、その事業や新商品の発展拡大がどこまでが上がるかを予測する力**です。未来に比べて今の株価が割安だと感じるなら割高まで買い上がります。期待が高いので、PERも高いわけです。

　私は、株式投資の目的が金儲けであるなら、グロース投資のほうが向いていると考えています。**株価が将来何十倍にもなるのはグロース株の場合が多く、実際、過去には自動車産業やコンビニがグロース系、トヨタやセブン・イレブンが1000倍を超えています。**現在は、自動車の技術は進歩していますが販売面は国内で限界が見えていますし、コンビニにしても角を曲がればどこかにあるという状況ですから、いずれもすでにバリュー型といえるでしょう。今や、「海外などに進出」が拡大の要件だという評価に変わっていますよね。

　拡大中として可能性があるのは、半導体やAI市場でしょう。だからこそ途中で見極めていかなくてはならないのですが、私は投資するならば、未成熟であれど明らかに可能性が高いほうに投資すべきだと考えています。**単なる目先の動きではなく、経済の動きとして銘柄を見極められれば、資産形成上とても有利になります。**

　グロース投資の欠点は、証券会社が出すレポートを見ることはできても、果

グロース投資の基本　point

☑ **グロース投資は、現状の収益は小さいが、将来の商業（売上）ベースが大きく変わる可能性を買う投資**
　→未来に比べて今のほうが割安な株に投資する手法
　→将来どのくらい株価が上がるかを予想して株を買うことになる
　→株式投資を金儲けの博打と考えるならば、グロース投資のほうがおもしろい
　→当たっているときは短期で大きく儲けられ、パフォーマンスは大きい

☑ **グロース投資の判断基準と欠点**
　→「Aという銘柄は未来の業績に比べて割安」
　→「Bという銘柄は未来の業績に比べて割高」
　→など判断されたレポートを見て投資判断をする
　→しかし、将来への発展はアナリストよりも個人が肌で感じるほうが確率は高い

☑ **しかし、未来のことは誰にも判断できない**
　→予想を信じて投資することはリスクが高い
　→どんな銘柄でも突然問題が出て、上場廃止の可能性が出ることがある
　→特に、グロース投資は期待と現実の差が大きいことがある

たして業績が上がるかを判断しにくい点です。株価が割高で、技術はよくても収益が上がる前に割高な状態でみんなが買っているため、収益がついてくるまでその確認の「株価修正」が何度もあります。だから売ってしまうこともあるし、買うタイミングがまずいと一時高値で買ってしまい、時間がかかってしまうこともあります。ときには技術や事業に問題が発生し、突然、上場廃止となることもあるので、企業情報に注意しなければなりません。

バリュー投資は過去に比べて割安な銘柄を買う

　バリュー投資は**「過去の実績や蓄えに対して評価する投資」**といえます。過去に比べて割安なときに買い、**過去と同じ水準になったら売るのが基本**です。数回下がったところで買うと、「配当利回り」や「1株純資産（PBR）」の関係

point　　　　バリュー投資の基本

☑ 「バリュー投資」は、過去の貯えた実績に対して
　　現状が割高か割安かという評価から判断する投資
　→株価は常に上がったり下がったりする
　→上がったところで買うと、下がったときに大きな損が出る
　→下がったところで買えば、買った後に大きくは下がらない
　→投資に失敗したときのリスクが少なくなるというメリットがある

☑ 「バリュー投資」は株価が下がるまで待ってから
　　買うという方法
　→待つ投資になるので、買う回数があまり存在しない
　→地味で我慢する投資方法
　→あまりおもしろくないと感じる人が多い

☑ 本質的に源太は「バリュー型」
　※資金配分などで調整していく傾向がある

　→グロースで損した分をバリュー投資で取り返す
　→大きく増やすためにはグロース投資が必要になる
　→噛み合うまで何年もかかることがある
　→資産が増えない時期もある
　→順番をよく覚えることから慣れていく
　→「対角の買い」

からさらに大きく下がる可能性が低くくなり、何度か要所要所で買い下がれば反転しやすく、リスクをおさえられるのがメリットです。

　バリュー投資の欠点は、株価が下がるまで待ってから買う手法なので地味ということ、そして我慢を求められる点だろうと思います。投資のおもしろみがなく、つまらなく感じる人もいるかもしれません。

　ただし、リスクが低く、わりと大量に買うので、**損失を埋めるときに有効と**
いえます。実際に私は、損金が出たときに「非常に下値が堅い」と判断したバリュー株に大きな金額で向かい、損金をカバーすることもあります。

プロの売買動向を把握して儲ける
——需給要因の活用法

株で成功したいなら、プロの運用手法を真似るのもおすすめです。株の運用に慣れてきてもう少し高みを目指そうと考え始めたら、次に紹介する手法を取り入れてみるといいでしょう。

リスク・パリティ投資とは?

今、最も勢いのある考え方が、**「リスク・パリティ投資」**です。リスク・パリティ投資とは、リスクを低減させるため、ポートフォリオ内の**各資産のリスクの割合を均等にする運用手法**を指します。

実際の運用は為替や商品など多彩ですが、**株式の中でも価格変動率の大きい資産の比率を低く、変動率の小さい資産の比率を高くする**のです。私の基本的な運用はこのやり方です。ただし私の場合、投資比率の中に「現金化」という使わない資産も組み入れ、全面安（ほとんどの銘柄が値下がりしている状態）に対応しています。

総資産が乱高下してしまうと落ち着いて売買できなくなり、コロナショック時などは安値で売らされた人も少なくありません。しかし、変動の少ない銘柄は動きが限定的であり損しにくいし、市場の循環性で派手に動くものが止まれば、今まで動いていない銘柄へと、物色が変化していきます。

ただし、ボラティリティ（相場変動率）が低く運用成績が低迷しているときは、これでは大きく稼げません。時に保有資産を総合的に見直すことも大事ですし、先物などの売買を通じてボラティリティを高めるような調整が必要になります。

また、リスク・パリティ投資をするなら、株だけを見るのでは不十分です。**本来の運用方法である債券や為替も網羅しなければなりません。**

たとえば、円高時は輸出業が低迷するので日本企業の収益が減ります。そこで内需株にシフトしたり、金や原油などの商品（コモディティ）系のETFを組み入れたりすることで、株が下がるときでも利益を得られるような構成にする必要があります。難しいようですが、それを金や原油の関連株、高配当株、輸出株、内需株を組み入れたり、ETFなどで補ったりすることができます。その影響をある銘柄で組み上げていけば、個人でも類似した動きができます。

　ただしこの運用の欠点は、新型コロナの世界大暴落のときにリスク・パリティ投資が下げを誘引したように、全部が下がる事件に弱いということです。だから私は「現金のまま」という工夫をしています。いわゆる「投資比率」「ポジション管理」という部分ですね。

月初と月末は株価が動きやすいと考える

月初と月末を注視するのも、プロでは常識的な運用手法です。プロが月初と

月末を大切にするのは、転換点になりやすいためですが、そのときに「リバランス」という225の組み替えがあったり、MSCIなどの銘柄入れ替えがよく行われたりして、需給要因が変化しやすいのです。

そのような大きなイベントがなくても、月末と月初ではオープンファンドなどの換金・購入が多く、そこから流れが変わることがよくあります。現に、2016年7月から20カ月連続で月初に上昇したときもあり、市場が強気に向かうと組み立てた投信などが「強い市場ならば月内チャートは陽線だ」と考えるために、とにかく月の第一営業日に買うということから起こった現象だといわれています。

このように、「1カ月の投資パターン」の項（35ページ）で書いていますが、多くのファンドの再投資やリバランスは計算上、月初または月末に行われるので、市場に影響が出やすくなります。一般的なバランスファンドなど、市場の動向に合わせるのではなくリバランスや再投資を機械的に行うものが多く、月初と月末の変動幅が大きくなる要因になっています。

ですから、月初に材料もない状態で高くなったら、「市場は、わかりにくいが買いが継続している」と判断してかまわないケースが多く、「今月は最終的には強くなるだろう」と判断できる場合もあります。もちろん一時的な動きもありますから注意が必要ですが、**月初に高いときはトータル的な買い姿勢は崩れていないと判断していいでしょう。**

しかし、近年はそうした買いに向かって売り上がっていく投資を提唱する人もあり、非常に複雑な場面が多くなっています。それだけ市場に持続性がないことと、国内の投資家が少ないことから、外資系や国内運用者の需給に左右されやすくファンドなどが市場に与える影響が強くなっています。従って市場で売買を消化させにくいため、月末・月初の場外クロスが多く行われる傾向があります。これは発表されていることですからしっかりチェックして、夕方なら翌日の動きに、昼休みならば後場の動きに注意して、その傾向を覚えるのも大事なことです。

2月、3月、4月は、揺れが大きくなることが多い

2月、3月、4月は揺れが大きくなることが多いです。もともと米国の納税換金や還付金の再投資の影響から荒れやすいのですが、3月の日本企業の決算

point　　　**ファンドの売買の特徴**

☑ **ファンドを含めて多くの運用は、**
　月の初めに月次調整をする

→近年の３月・４月は、その影響で売られたといわれている
→バランス型投信やファンドも月末締めの同じ商い
→月の頭が荒れやすいのは、こういう事情から起こる
→2018年の２月までの初めの立ち会い日が約20カ月連続のプラスであった

が多いのが主たる要因でしょう。国内金融機関は３月決算が多く、持ち玉の売却や運用資金の換金が売りにくいものから始まります。軽量級のものは、２月あたりから理由なしに下がってきたりします。また、先行きが不透明な経済ならば３月を待たずして先に売っておこう、という心理が働きます。

　株式市場の急落急騰は、一定の時間で何かしなくてはならないときに起こるものです。特に２月後半から３月頭は、その先の５月のヘッジファンドなどの中間決算の決済資金まで巻き込むと、大きな下落があることがあります。先に書いたように裁定の買い残が大きく膨らんでいたら注意しましょう。とにかくこの先の見込みが重要で、その答えが夏あたりという場合は、早目に処分の換金が起こりやすいです。

　好調な市場でこの先に期待感がある場合、「売りたくない」という気持ちが強く最後まで握りしめてしまうことがあります。この場合は「節分底」から始まり、「彼岸天井」という通常と逆の現象が起こります。そして慌てて決算に向かって売却するかたちになります。ある意味、これが本来の正常な市場なのですが、３月の頭に大暴落でもあれば、３月末の決算売り以上に５月のヘッジファンドあたりまで売り切っていますから、非常に高い確率で買いになります。

　ただ、期待や好業績であるのに下がっていくタイプは、よいがゆえに買いが入りやすく、それが返ってしこりになるケースもあり、４月はそのような株式が重くなることも多いです。市場の投資対象に変化があるかどうかを確認しておきましょう。よい株が下がっていくときは誰かが売っていますからね。これらも基礎を知っての応用となります。

　４月は本来、証券会社は新営業年度で「今年こそは」という期待や勢いが強

いものです。しかし既に書いたように、地銀の売却、都銀も最近は債券ではなく株式、GPIFもリバランスの売りなどについて話しています。ですから4月は、下がるときの幅は意外に深いのですが、「それでは、3月にクロスなどで引き取った株式は何なのか?」と疑問が湧くかもしれませんね。ましてやGPIFは、3月末の玉は状況が問題であってその後、年度が変わってポジション調整はしても意味がありません。

　ですから、もう少し深く心理を読んでいくと、本質的な需給関係とは違って3月末に一部の銘柄の水準を高めるドレッシングと、新営業年度のために数字を残しておいて運用者は成績の延命策から、利食い売りを新年度に持ち越していく作戦が増加傾向にあると考えます。やっていることは書いた通りなのですが、既にここ最近の強い市場では成績優秀者は多く、利回りも及第点となったら会社も利益は次の期に出してくれたほうがいいですからね。だから、3月に大きく下がるほうが儲けやすいということであり、4月はこのような不可解な売り方も正しいようにいわれ、それが解説の通りかどうかは怪しいものなのです。ゆえに、4月は少しタイムラグを持ち、動きを確認してから動きます。

同業種の銘柄をペアで売買する「ペアトレード」

　同業種の銘柄をペアで売買する**「ペアトレード」**も、プロがよく活用する手法です。**一般的には好業績株を買って、悪い業績の株式を売る**ということです。個別銘柄でなくてもNT倍率を利用して、日経平均が有利かTOPIXが有利なのかを考えて売り買いのペアを組む、あるいは金利上昇となったらグロース株売りのバリュー株買いといったペアなどもあります。

　同じ業種であればトレンドは基本的に同じですが、**業績で銘柄によって騰落の度合いが違います。**トレンドが上向きのときは、業績のよい、期待できるほうを買いますよね。そして業績の悪いほうを売るという「ペア」でトレードするわけです。

　しかし、業績がよくても売る場合があります。なぜなら、市場がピークに達したときや、全体が下落相場になったら、人気が出過ぎて行き過ぎたものが全体の株価修正以上に大きく下がることも多くあります。そのため、「値幅の計算」から動きの鈍いほうを買い、主役のような好業績とはいえ人気化し過ぎた株式を売るペアを組むことがあるのです。

ペアトレードの特徴

☑ 一番多いペアトレードは、
「同業種の好業績買い・劣る企業の売り」

● 同業種の好業績を買い、それよりも劣る企業の売りを同時に行う

● 昔はハイレシオ売りのローレシオ買いなどがあった

→跛行色が強くなり、うまくいかなくなってしまった

→日銀の買いなどから企業格差がいまひとつ変わらなくなった

ただ、複雑な売り買いは多く、「日経平均買い・TOPIX売り」、
「日本株売り・米国株買い」など行われている
これらの逆転も市場は非常に混乱するので注意すること

　相場が下がるときには、一般的には業績の悪い銘柄ほど大きく下がりますから、好業績の銘柄を買い、業績の悪いほうを売ります。経験則からいえば、上がったものは下がりますが、あまり上がっていない悪い業績株はあまり下がらないという傾向もあります。

　ペアトレードでは、日本株と米国株をペアにすることもあります。景気がいいときは経済に敏感な米国株のほうが上がり、悪いときはネガティブ思考になりがちな日本株のほうが大きく下がるのです。

　最近の外国人投資家は、景気にかかわらず日本人の個人参加が少なく、日銀がTOPIXのETFなどを買い過ぎていますから、品薄になって株価が動きやすくなっています。そのため、米国株を買って日本株を売っておくと、NY以上に日本株が下がってしまう傾向があります。そこにオプションなどを絡ませて大きく稼いでいるわけです。これを高度な狡猾さで考えた場合、株式先物を外資が大きく売り、その下げ過程でオプションコールを買いながら一気に先物を買い戻し、売った倍を買ったりしたら急騰率はものすごいですよね。そういうパターンもあれば、プットとコールを同時に買い、上がっても下がってもいいようにセットしておく場合もあります。米国大統領選挙のときなどによく行われますよね。

ほかにも、為替と株式、先物とオプションなどのペアトレードも行われています。意外な効果をもたらすことがあるのでさまざまな組み合わせを彼らはやっていますが、個人投資家は基礎を覚えるまでは、あまり無理せずにわかるものから始めるほうが無難です。

信用取引を利用したトレード

　続いて、個人の信用取引を利用したトレード手法を紹介しましょう。信用取引はいずれ清算しなければなりません。現在は「無期限」もありますが、**6カ月間が基本**です。

　信用の買い残りが多い状態で反対売買をせずにいると、売りどきを失った人が6カ月後の当該日前に売却しなくてはなりません。ですから、高値で大商いのあった日から6カ月期日前後は、売りものが出やすくなります。該当日の朝寄り付き前か、後場寄りで決済することが多いから、該当日はよく見ておきましょう。

　私の場合、企業内容さえよいものならば、期日の朝の売りものは買うようにしています。信用取引の期日までは売り物が多く、株価はなかなか上がりませんが、期日を過ぎると売り圧力がなくなり、上がりやすくなることが多いですからね。

代表的な企業は売られても信用期日で転換する

　代表的な企業の場合、悪材料で売られていても信用期日には悪材料が出尽くし、片付いていることが多いです。というよりも、流通性があるからその悪材料後は買う人はその材料をわかって買っている人が多く、投げる気がないということが多いのです。ですから、投げなければならない人が売った後は、意外に反発しやすいという特徴があります。

　材料株で人気のある銘柄は、信用期日が近づくとネットなどで「早く投げろ」という声が出てきますが、騙されてはいけません。それこそ材料を吟味するのが先ですが、通常の場合は信用期日が投げ場になることが少なくありません。ネットでも「信用期日一覧」などのページも多く、過去からあるやりかたです。トレーダーズウェブの「信用期日」を見ると、あらかじめ銘柄の期日がわかるので先に調べられます（42ページ参照）。参考にしてみてくださいね。

むしろ、**人気のある銘柄が期日前に「早く投げろ」といわれるのはチャンスの証しです**。下がる銘柄があったら、高値から何カ月経過しているかをチェックしましょう。

　買いたい人が多いほどネットでは騒ぎますが、ここで冷静に考えてみましょう。ネットに書き込む人というのは「空売りしている」もしくは「持っていない、手放した」という人が多いですよね。だから「売れ」と書いている人はその銘柄を持っていないケースが多いです。あるいは、「下がったら買いたい」という人も多いと思います。買い要因を必死で書く人は、わざわざ多くの人にそこまで親切にしなくてもいいでしょう。だから「既にその銘柄を持っている人」か、「上がって得する人」しか書く意味がない——そう思いませんか？

　つまり、親切に第三者に物事を伝えるような内容を、その銘柄の保持者でもないのに、わざわざ書くことはありません。自分の経験上、そんな親切な人はこの業界にはいないと思います。インサイダーであれば書いてはいけません。だから、上がる理由が書かれている場合は、その気持ちの深層に「高く売りたい」という気持ちがあり、「上がってほしい」ということの現れなのでしょう。**こうした理由から、私はネットで書かれていることはあまり信用しないし、確認できる事実のみを信じます。**「この会社は潰れるぞ」という噂が広まったり、外資系の証券会社が悪い内容のレポートを出したりしたら、**他人の声に流されず、自分で考えて判断するのが大切**です。

　信用期日は、トレーダーズウェブなどで確認できます。信用期日を活用した投資法は非常にシンプルですが、多くの人を成功に導いてきた手法です。比較的、初心者でも始めやすい方法ですので、ぜひ実践してみてください。

投資カレンダーを作って
自分で計画を立てる
──チャートの形を確かめる

　ここで、これまで学んできたことをベースに、投資カレンダーを作りましょう。1週間が日曜日で始まっているタイプのカレンダーを用意し、重要な日程を書き込むのです。

　SQ（特別清算指数）決済日、20日は、特に目立つようにしましょう。ほかにもFOMC（米連邦公開市場委員会）や日銀政策決定会合など、市場に影響がありそうな事柄を書き込んでいきます。「水星逆行」などの占星術も含め、外国人投資家が気にすることはなんでも記入するのです。

　必要事項を一通り書いたら、市場の主体者や運用者などがどういうことを気にするか考えます。自分の決算か、金融政策か、あるいは国際緊張が気になる人もいるでしょう。その中でわかっている日を中心に、年間でも半年でも3カ月でもいいからチャートをイメージしてください。

当月だけを考えない

　カレンダーの動きを考えるときは、1カ月だけを見るのではなく、翌月の動きがどうなるのかを考えましょう。翌月が悪い流れならば、今月の後半は売りですからね。

　細かい日程もメモしていきましょう。たとえば1月は、日本なら4日までは正月休みですが、各国は2日から仕事しています。しかし、海外に出ている米国系運用労働者はクリスマス休暇を取るため、日本や香港などに勤務する外国人運用者は少しスタートが遅いなどのタイムラグがあります。ほか、欧米では7月の途中からバカンスに出かけてしまうなど、月ごとの特徴を書き込んだり「そのあたりは変化しやすい」といった癖をメモしておいてください。月ごとの癖を書き込んだら、だんだんイメージができてきます。

知識をカレンダー内に書き込む

- 月初の注文執行を考える
- SQ 日、月の 20 日がいつあるのかチェックする

- 1 月の特徴は？
→外国人投資家はワンクッション遅れてくる
→スタートが遅いから行動時間が短い
→20 日が休みなので月替わりまで時間があり、23〜24 日までずれ込む
　可能性がある
→第 3 四半期の決算発表から投資が「情報型」に変わりやすい
→恵比寿天井（恵比寿底）が 10 日
→節分天井（節分底）が 2 月頭にある

その中から「注意すべき日」を決める

→バイオリズムなので、公開はできないがヒントはある
→基本的に、ここ数年は「6 日間」サイクルである
→不思議とここ数年は大安と回転が一緒になっている
→ずれる事もあるから注意するべきである
→ポイントの日のリズムに近い重要な日程と組み合わせる

　このように月ごとの癖を書き出し、その年に自分が気になることは何なの
か、あるいは新聞などから、今の問題は何か、その焦点はいつなのかを書き込
んでいきます。**自分が 1 年のうちにいつ買うのが有効か、考えてみたらいいの
です。**また、個別銘柄で手持ちのものや気になるものがあれば、その銘柄の
四半期決算の発表日も記入して月ごとの特徴と合わせて考えると、具体的にイ
メージしやすくなります。

「注意すべき日」を決める

「注意すべき日」を決めるのも有用です。源太カレンダーの「ポイント日」と
は違うもので、自分が SQ など踏まえてどこが大事な日なのかを考えてみてく
ださい。FOMC なのか、国際会議なのか、経済数値の発表なのか——**気持ち**

「ポイントの日」の特徴　　point

相場の流れや物色対象が変化するなどの"兆し"が出やすい、
多くの市場のリズムが変化をする日。
動き方としては、
　　→その日にそれまでのトレンドが変わる
　　→物色対象が変わる
　　→それまでの勢いがなお一層激しくなる

が引き締まり、必要なときに集中しやすくなります。

　私は、自身のバイオリズムを基準に導き出していますが、そのポイントの日と今の話題が近い日、あるいは一目均衡表や信用期日、移動平均クロスが想定される日などがポイントの日に近いと、注意深くなりますね。

　ポイントの日と、あなたがカレンダーに書き入れたイベントと重なっているときは特に注意しましょう。**よいことなのか悪いことなのかはわかりませんが、何かが起きるかもしれないと予測するのです。**

　ちなみに、ライブドアショックやリーマンショックが起きた日は、私のカレンダー上でポイントの日でした。この「源太カレンダー」は一般販売していますから、1年前には原稿ができていたということです。つまり私は、約1年前から何かしらを予期できたということです。

　もちろん、そのときは何が起こるかはわからなかったのですが、その直前で株価が急落したり狂乱した上げになったりなどすれば、その日に流れの反対売買をしています。

ポイントの日近辺でテクニカルと合わせてみる

　ポイントの日が近づいたら、**ストキャスティクスやRSIで相場の過熱感をチェックしたり、チャートを入念に見たりして、不備がないかを入念に確認します。**強くて買い過ぎたと思ったなら、保有数を減らすなど的確に対処しましょう。数値は、想像以上に示唆をもたらしてくれるものです。

　つまり**ポイントの日は、「その日から動きやすくしておく」ということを表しています。**それまでに信用枠を手じまいしたりして余力を持っておき、そ

point 投資カレンダーの活用ポイント

1. 毎月の投資カレンダーを作り、自分で計画を立てて、その過熱感を
   ストキャスティクスや RSI などで計ったり、チャートで形を確かめたりする

2. ポイントの日が大事なのでなく、「自己管理」を徹底するべき時間
   →その近辺で自分の持ち玉やこれから買うもの、総額などをチェックする

3. こうしたことができてはじめて、儲ける基本ができ、大きく儲けられる
   可能性が高くなる

の日に下がって買うのか、なお売るのか、高ければ新たなテーマに変えるの
か、売りで行くのか、などを考えていきましょう。

　**ポイントの日ごとにチェックを重ねると無駄な商いが減り、しだいに損をし
にくくなります。**株は勘だけでは無理ですから、多くの人が気にして集中力の
高まっているときこそ、自然な心理や偏った心理が出やすくなります。ポイン
トの日こそテクニカルなツールを活用し、どのような心理状況や株価位置なの
か、現在の市場の争点は何か、それは何時か、時間制限（経済数値発表や会議
など）があるものなのかなどを調べ、理に適った投資を目指してください。

Chapter 5

もう1ランク上を目指すために!

源太流・13の
実践ルール

「成長企業」を見極めて資産を増やす
——テンバガーはこうして狙え

　株価が10倍になる銘柄のことを、「テンバガー」といいます。すなわち、株で儲けようとする人にとって非常に魅力的な存在なのです。同時に、資産を構築する上でのキーポイントでもあります。実際、私が株式投資の業界で残存できたのも、テンバガーがあったからこそです。

　しかし、テンバガーを本質的には理解していない人があまりにも多いようです。そこで本章では、まず私が考える**「真のテンバガー」**について解説しましょう。

情報は聞いた時点で既に遅い

　現在の株式投資というのは、時間との戦いになっています。

　そもそも株式投資は、大きく成長する企業を探すことにおもしろみがあります。しかし、残念ながら目先で起きた上下変動に着目してばかりの人が大半というのが現状です。保持している銘柄が短期で2倍や3倍になることもあるでしょうが、それは大きく成長する企業を見つけたということにはなりません。**短期的な変動は、成長企業を見つけるための材料に過ぎないのです。**つまり2〜3倍は1つの評価であって、そこから本当に収益が上がり続けて100倍や1000倍になった企業が、株式市場では多いのです。

　多くの人は、下限まで下がったら買って上限まで上がったら売る投資法、いわゆる「ルーパー（しゃくとり虫）投資法」を実践していますが（次ページ図）、**ルーパー投資法ではテンバガーは見つかりません。**
　大切なのは、自分の頭で将来をイメージし、大きく成長する製品（企業）が何なのかを考えることです。ときに、株価の上がる銘柄情報が入ってくること

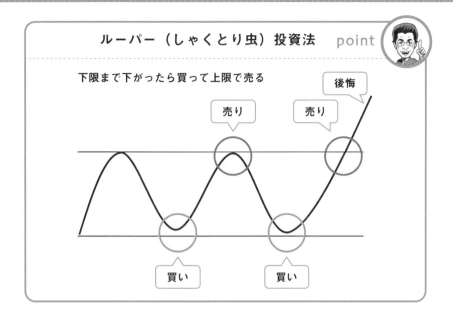

もありますが、そういうことではないのです。

　情報、あるいは銘柄選択は自分がするもので、むしろ、情報は自ら発信すべきです。個人投資家が他人を煽るのはいけませんが、「この銘柄の、この点がいい」と話すだけでも、情報交換の仲間ができるでしょう。仲間ができると交流やディスカッションが生まれ、自分の見落としを発見できたり新しい知見を得られたりします。

　情報は「もらう」ものではなく「発信し、交換する」もの。これを繰り返した先で待っているものこそが、テンバガーだと思います。つまり、**自分自身が肌で感じたことを周囲から認めてもらったり、逆に知らない業界のことを教えてもらったりすることで、ヒット商品や将来必要なものが発見でき、それに気がつくことでテンバガーを見つけ出せます。**

　グロース投資のところで述べたように、コンビニなら自分でもわかりましたが、ゲームについて自分は知らなかったので、任天堂についてはわかりませんでした。半導体の場合は、「1つのスマホにどのくらいの半導体が使われていて、これが4G、5Gと進むとどのくらい増える」と、使われている半導体の総数を教えてくれたアナリストに感謝です。空飛ぶ自動車の話は、渋滞したら

	point	資産が増えるタイミング

1 大きな時代の変化 ➡ 世界の政治が変わる、戦争・パンデミック

2 AIはじめ社会生活が変わる ➡ 社会的に必要なものが変わる、EV など

3 財産価値が変わる ➡ バブル景気、物品需給変化

事故になるだろうから、いまいち乗ることができませんでした。このように、**自分だけではなく周囲の話でも、納得がいくならば狙ってみてください。**

資産が増えるタイミングをとらえる

　株価の短期的な上下にとらわれ過ぎると、市場の細かい波にばかりこだわってしまい大きなトレンドを掴めないというデメリットもあります。**株価が上がったからといって、そわそわしてはいけません。**市場全体の流れと銘柄の成長過程を俯瞰しながら、「一部、売ろうか」と優位に立った気持ちでゆったり構えるぐらいがちょうどいいのです。

　資産が増えるタイミングは、大別すると**「時代が変化したとき」「社会生活が変わったとき」「財産の価値が変わったとき」**の3つです。

　実際にアベノミクスが動き出したときには、コールオプションが1000倍になる体験をした人の話を聞きました。政治や社会の変化はこれほど大きなことなのです。戦争やパンデミック、AI（人工知能）やEV（電気自動車）など、新しい技術の登場も大きな資産増をもたらします。**「市場の変化で注目するのは銅の価格」**とよくいわれますよね。かつて、銅は中国の景気を図る手段とされていました。中国の景気がよくなったら銅を買うのが成功の鉄則とされていたのです。

「半導体価格（SOX指数）」という需給要因もありますが、現在、私たちの身の回りの機器に使われている半導体は、将来、時代が変化するとどうなるでしょうか。本書を読み進めるのをいったん止めて、少し想像してみてください。

　時代の流れが変わったときに何が起こるのか、それを考えることこそが、資

「真のテンバガー」とは point

> 一般的なテンバガー

> 基本編のテンバガーは株主や資本金からくる
> 「統計的当て物」

> 資産を増やすテンバガー

> 資産を増やすテンバガー狙いはもっと長い
> 「成長企業」投資

産を大きく増やすための秘訣なのです。当然、同業他社が出現してきますから、私は世界シェアの高いものを好みます。

成長企業に投資しなければ、資産は大きく増えない

真のテンバガーとは、長期的に大きく成長する企業の銘柄を指します。すぐに稼げるものを探すのではなく、資産を大きく増やすという考えで将来を見れば、20万円の投資資金が1億円以上になるのも難しくはないでしょう。

また、20年前には携帯電話がここまで進化するとは誰も思わなかったはずですが、携帯に関わる部品企業などはいまや大きく成長しました。今後は化石燃料を使わなくなること、現金そのものを使わなくなることは明らかです。そうした発想だって悪くはないでしょう。

「10倍になる銘柄を見つけよう」と考えるのではなく、「どんな業種でどんな製品やサービスが世の中を変えるのか」を考え、資産構築につながる銘柄を掴んでください。

上がった銘柄の理由を考え、相場のテーマを調べる
――銘柄を絞る

　ここまで株式投資に関してさまざまな内容を記してきましたが、私が願うのは、あなたに**「ハイレベルになってほしい」**ということ。ただし、決して投資の腕がハイレベルになってほしいということではありません。**頭の中、つまり思考のプロセスを磨いてほしいのです。**

　自分の頭で深く考えることなしに、高次元の思考のプロセスは身につきません。なかでも特にないがしろにされがちなのが、銘柄が上がったときの材料について考える作業です。そこで、銘柄の上下をどのように見てどう考えればいいのかを具体的に紹介しましょう。

株価が上がったら「なぜだろう?」を考える

　銘柄の株価が上がったら、なぜ上がったのか、材料を毎回確認してください。**上がった理由を調べるのは、極めて重要かつ基本的な分析手法です。**

　右ページの図を見てください。市場ではこのような「動いた株式」などの記事が多く、市場が終わって夕方になると、このような情報が流れてきます。自分の使っている証券会社のネット情報で見つかるはずです。

　動いた株式の個別材料を確認したら、現在の株式市場が動いている基本的なテーマや市場の傾向、基本概念とその上がった個別株の要因を比較してみて、なぜ多くの人がよいと思ったのか、あるいは悪いと思ったのかを考えます。

　たとえば、全体が安心している市場という前提のもと、IT相場というのが市場全体の基本にあり、そこに必需である半導体関連というテーマがあるとします。そういうときに、安価な半導体や次世代の半導体の材料が出ると、個別株は大きく上がりやすいです。そのときに業種全体がテーマになって過剰反応

上がった銘柄の材料を確認しよう　point

2024 年 4 月 18 日の動きの例

- ☑ **さくらインターネット〈3778.T〉6180 +990**
  経産省の支援補助が伝わる。

- ☑ **富士石油〈5017.T〉506 +41**
  値頃感の強い石油関連株として短期資金が物色。

- ☑ **ブロンコビリー〈3091.T〉3765 +225**
  第 1 四半期大幅増益決算を好感。

- ☑ **石油資源開発〈1662.T〉7070 +380**
  原油相場の時間外急騰で石油関連として買われる。

- ☑ **ＩＮＰＥＸ〈1605.T〉2490.5 +117.5**
  地政学リスク高まり受け原油先物が急伸。

- ☑ **日本郵船〈9101.T〉4215 +123**
  海運株高に加えて自己株消却も発表。

出所：株式新聞ニュース発表の情報をもとに作成

していることもありますし、逆に個別株が新しい材料を出してきて、それに起因して関連株が上がり、新しい相場が始まることもあります。**なぜ動くのか、似た会社はあるか、他と何が違うのかなどを考えてみる癖をつけると、意外に有効です。**

　テーマを見つけたら、そのテーマに関係する事柄を徹底的に洗い出していきます。その起因した材料が素晴らしい場合は、その部品や応用技術から来る関連企業物色に広がって、個別材料から関連企業へと広がってくるテーマもあります。ただしもちろん、そのときに大きなテーマがITの時代に進むなどの流れが必要です。だから、**動いた株式が「なぜ」動いたのかを必ずチェックする**のです。

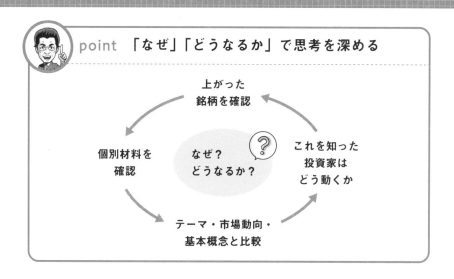

point 「なぜ」「どうなるか」で思考を深める

上がった
銘柄を確認

個別材料を
確認

なぜ？
どうなるか？

これを知った
投資家は
どう動くか

テーマ・市場動向・
基本概念と比較

事実よりも「なぜ?」と「どうなるか?」を考えることが重要

　また、材料やテーマを確認していくと、同時に何かしらの傾向も見えてくるでしょう。軽量株が動く、中間価格帯の銘柄が動いている、M&A関連が動いている、などの傾向を読み取ったら、それを投資の視点に加えてみることも大事です。

　「投資家の多くが同じ視点で材料を見ているとしたら、自分で今後の市場はどうなるか?」を予測するのです。これからも同じような物色なのか、変化するのか、多くの人が見ている株式の水準がどうなのかなどを考えてみることが重要なのです。物色対象がないときに打診しておいて、様子を見るなどもいいでしょう。

　上がった株の材料を確認するのは、日本の証券会社であれ外資系であれ、プロも同様に行っています。チャンスがあれば、さまざまな銘柄が上下した理由について仲間と意見交換するのもいいでしょう。

　企業HPをのぞいてどのような技術なのか、どのような企業がどのようなことをやっているのか、部品は何が必要か、どこの企業と取引しているかなどを考えてください。仮に上昇した銘柄が本格化して連騰していけば、「関連銘柄」として買っても間に合うかもしれません。

決算発表後の株価の反応で儲ける
——決算ギャンブルの基礎

　企業の決算発表は、株式投資において重要なポイントです。決算発表によって、流れが加速することもあれば、逆トレンドに変わる（材料出尽くし）こともあります。

　そこで生まれたのが、決算による株価の反応で儲けようとする決算ギャンブルです。決算発表よりも先回りして株を購入したり、決算発表を持ち越して株を保有するなど、好業績の発表を期待して投資する人はたくさんいます。

決算ギャンブルで儲ける方法とは？

　決算ギャンブルでまず行うのは、決算日を確認し、選択した企業の中から決算発表後に上がる（下がる）銘柄を探る作業です。つまり、決算発表を調べるにあたっては、同業企業が先に決算を発表したらどのような数字で、どのように市場内で反応したのかを見極めるということです。ただ、ここでいう決算ギャンブルとは、「好決算を狙って決算発表前日に買う」ということではありません。基本的に、期待値があれば決算発表に向かって上昇しやすいので、それで上がるなら売るといったように、特に決算をまたがない考え方です。

　104ページでは安川電機のことを書きましたが、他にも2月決算は内需が多いから3月決算の三越伊勢丹を狙う、あるいは陸運や航空、ホテルなどを考えてみるなどの応用が利くようになります。それらがテーマになるならば、外食が一過性にならないで、高級レストランがいいか居酒屋がいいかなど、アドリブを利かせた知識の使い方があるはずです。

　間違ってはいけないのは、上がる株式を聞かされて買うのはいいのですが、自分でも探せる要素があるのにそれを放棄してしまうことです。決算ギャンブルの活用法をもう一段上のレベルに引き上げましょう。

決算発表の反応の基本的な考え方は、前半は好決算発表で上がりやすく、中盤は１回上がって止まる、後半は無反応だったり下がったりします。株価の動きや位置などの条件もありますからあくまでも基本的な考え方です。**上げ下げ反応は別として前半は反応が強く、中盤は先に対応されているから動きにくく、後半は材料出尽くしから逆反応になると思ってください。**要は、「決算が悪い」と言われて先に多くの人が株価を安値で売ってしまっていると、決算が悪くても売る人がおらず、悪材料出尽くしとなって決算発表後から、逆に上がってしまうといったことが起こるのが後半です。よいものが売られたり悪いものが買われたりと、反応判断が難しくなります。

　このような時間的経過から反応が変わるとしても、類似企業の場合は似た環境から決算数字の傾向が出ます。そこに経験から来る企業数字のブレなども読みながら選択して、決算を待つ、もしくは、決算発表前に上がったら売るという行為を行います。これが基本的な決算ギャンブルですね。

　私がいう決算ギャンブルとは、QUICKやブルームバーグのような有料情報媒体の端末を備え、あらかじめその時間帯に決算発表があるものについて、決算数字の市場コンセンサスを手に入れ、それより「よい」「悪い」で、一般投資家が知るまでのタイムラグを利用して儲けるものです。それには端末設定の金額と銘柄選択と市場の状況を把握する力が必要ですし、注文を出すスピードも必要になります。そして、プロのディーラーはそれに近いことを既に行っていると思ってください。

　決算ギャンブルをどう考えるかが人の力です。不透明な市場で「この決算はどうかなぁ」などと考えを巡らせるのは、当てものを買うようなもの。事実からの判断でもなく先読みもしていない、普通の勝負に過ぎません。

　個人がQUICKやブルームバーグの有料会員になり、無料会員と異なり市場関係者と同じように少し早く決算情報を入手して短時間売買をするとしたら、傾向を把握したうえで狙う銘柄を決算の数日前にいくつか選んでおき、QUICKコンセンサスなどの市場の予想数字を掴んでおくといいでしょう。そして証券口座に余裕を持たせておきます。なぜなら、決算日当日は必要とあらば、すぐに動けるようにしておくためです。

決算ギャンブルのポイント　point

1	数日から目安を立てておく
2	同業他社などの数字や傾向を調べる
3	決算が出てからの反応の変化も覚える
4	好決算でも売るときがある

　他の人より少し先を考え、準備する——そうしなければギャンブルには勝てません。私は、別にこの考えを悪いとは思いません。実際に7万円から億、なんとトリプル億にまで駆け上がった男性がいましたが、彼はまさしくこのやり方でした。私とは芸風が違うというだけです。ただ、証券関係者はプロですし、まして最近はAIの言語に反応するアルゴ注文が多く、スピードでは適わないでしょう。活用するには訓練と特別な見方を覚えていかなくてはいけません。

　決算発表の当日は、狙う銘柄の同業他社の数字も確認し、単一で好調なのか、業界全体が好調なのかを確認します。業界全体が好調なのであれば、同業他社も狙えるかもしれません。ただし先ほども書きましたが、「株式が動いていない」という部分が重要で、上がっているにせよ下がっているにせよ、決算の内容で先に動いているとやりにくいですから、動いていないものを選択するのですが、地合いによっては何でもかんでも売られるときがあるから、環境はよく見ておきましょう。

　決算ギャンブルは、決算発表の後も大切です。①「決算発表の翌日に株価が上がり、次の日も上がる」、②「その日は材料が出尽くしたけれど、後日戻る」③「好決算でもグロース株は売られやすい」など、傾向を把握すると次に活かせます。

　①から順番に決算発表前半、中盤までに起きやすく、③の場合はグロース株式は期待感が強く、割高に買われていることが多いです。そのため、決算が出たときに本能的に「何％増益」程度では、出尽くしになってしまうと思います。軽量株は総体的には決算跨ぎは私は好みません。

point　決算発表への反応の仕方

1　前半は数字に素直に反応

2　中盤は前半の傾向から発表前に動く体質になる

3　株価が先行していたら発表がピークになりやすい

4　後半は好決算に対して反応が鈍く、あらかじめ悪い数字を
　出して売られているものが、決算後に上がることが多い

　また、増配や自社株買いの発表も併せて行われることが多いため、現預金に余裕がある企業は目が離せないと思います。今期大幅増益企業も増配などがあることから、現預金が多い企業には気をつけましょう。

　先ほど書いたように、好決算だったとしても売ったほうがいい場合があります。たとえば、日経平均株価が高く業種全体が買われているときは、好決算であっても材料出尽くし、または織り込み済みとなり、株価が落ちるケースがあります。市場全体が好決算を買いにきていたから、決算発表がゴールになるのです。

　そのまま下落が続くこともあれば、3日後ぐらいに元に戻ることもあります。好決算だから「買いだ！」と思い出来高が急増しても、上がるならばAIより早くは買えないし、短命だったらAIアルゴで一気に下がったりします。AIから先に売り注文が来たら、売る時間はなくなります。反発時間は市場の強弱に関わる傾向があり、市場の物色意欲が強いほどその下降時間は短いです。そこを把握したうえで、あらかじめシミュレーションしておくとよいでしょう。場が重いときは、よいもののほうが上がらないときもあります。

決算シーズンの前半の傾向は？

　まとめると、**通常の市場の状況では決算発表の前半・中盤・後半ごとに動きが異なるということです**。前半は、決算がどういう傾向か知らないので「よい数字が出れば買い」となり、株価は素直に反応して上がります。つまり、あら

市場の傾向を調べる　point

1	コンセンサスに対して、株価が既に反応しているか
2	物色対象はバリューか、グロースか
3	市場に継続性があるか
4	総体的な出来高があるか

かじめ数字予測をしていても、どうなるのかデータがないので、出た数字に対して反応してしまうのです。

「よかったら買い、悪かったら売り」が基本です。前半ならば翌日新聞が取り上げたり、ネットで好決算が強調された買い気配が続いたりということになります。しかし、中盤になると効率的市場仮説によって好決算の効果はなくなります。こうしたことをアノマリーなどで片づけずに学説で考え、その程度を把握して現場で「まだいける」「もう無理」などの判断に使います。

　だから、決算発表直後がピークと思われているのは、中盤になると同業多社が先に決算を済ませているから想定でみんなが先に買っていて、決算が出た後に買う人は限られ、決算後をピークとして段々後半になるにつれ、反応が鈍化するのです。そうなると、増配や自社株買いなど「＋α」が求められてきます。悪い決算であっても「ここまで売られているなら、もう大丈夫だろう」と考え、強気な人も出てくるからです。

　決算は前半と後半で動きが変わるので、タイミングごとの市場の傾向をよく見ましょう。そして、出尽くしで売られた好業績株は狙いやすいですし、先ほども書いたように、逆に悪いと言われて先に売り叩かれたものが、実際は悪い材料出尽くしから買われるケースのほうが多いのです。実力のある株式が悪い決算で知られていて、決算発表前に大幅安しているときは、狙い目かもしれません。逆に、好決算で材料出尽くしから売られる株式も中期的に上がる可能性が高く、私は買う候補に入れています。

　決算の反応の傾向を把握する際にまず確認したいのは、QUICKコンセンサ

スや『会社四季報』を代表とする「企業収益の予測（市場コンセンサス）」です。

　アナリストやエコノミストの業績予想を平均したものに対して株価がいかに反応するかで、「既に株価が反応しているか」がわかります。日経平均などが上がって実は決算前の市場のテーマが「好決算」だったということは多々あり、いくらコンセンサス以上の数字でも株価が上がらないこともあります。

　自分の投資対象がバリュー株なのかグロース株なのか、市場に継続性があるかも重要です。 市場にもよりますが、バリュー株は決算に強く、グロース株は決算に弱いというのが一般的で、そうした感性も覚え始めたら逆手に取るなどの技術も駆使できるようになると思います。

　決算に関係なく出来高があるかどうかもチェックしましょう。**出来高が少ないと、大型株は動きにくいです。** 決算に関わる部分でなくても、全体の売買高が低いときは大型株は動きにくく、突発的な軽量株が上がります。しかし、弱い地合いでは軽量級の株式が上がるようでも持続性は乏しく、最終的に大きな被害になることが多いので短期売買にはいいものの、テンバガーを狙う際は、出来高や需給で目先が狂う可能性があると考え、内容を吟味して付き合いましょう。とにかく全体に力があるかないかを確かめて、それを把握することが大事です。

決算の見方

　決算発表で重要なことは、株価が上がった材料が企業独自のものか、あるいは新技術に対する流れなのか、市場全体の考え方なのかを見分けることです。

　業種的なテーマの場合は、企業同士の関係や業種として何が売れ筋なのかを調べます。関係性によっては同じトレンドをたどることもあれば、同業種のシェアを奪うことで反比例を描くこともあるでしょう。新商品が出たら必ず、どの企業が被害に遭うかも考えます。

　こうしたよい話を追うとともに悪い話も考え、持ち株に配慮しなければ、いきなり被害を被る可能性もあります。たとえば、携帯電話に注視していたときに急にスマホの商品化が発表されると、それまでの携帯ゲームがすべてスマホ対応に変わるには時間がかかりますよね。遅れる企業は売りましょう。治療薬にしても、もっと効果が高い薬が出たら、過去の薬は使われなくなるでしょ

う。自分の行動を当てはめて考えてみるのです。

　また、シェアについての理解も必要です。「ものづくり」が提唱されていた頃の日本は、高い技術から世界シェアがありました。今は各国の技術が進んで相当弱い状況にはありますが、それでもシェアは多いものです。世界の製品のシェア、同業他社内でのシェア、そして大企業であれば評価された事業がその企業内で売上の何％を占めているかまでチェックします。大企業の小さな一部署の事業であれば、高い技術であっても株価の上触れはあまり期待できない場合があります。

　なお、期待されている新技術であれば、ホームページでは写真付きで紹介されていることが多く、IR情報でレポートなどを確認することが大事です。紹介内容がどの程度か、将来性はどうか、決算に与える影響はどうかなどを確認しておくのも有用です。特殊な技術を持っている場合は、必要な素材や**素材の入手元まで把握しておく**といいでしょう。商品がヒットすると、商品のメーカーとともに素材を製造する企業の株価も上がりやすくなります。先を読むほどに、後々の成果が大きく実ります。

震災、パンデミック……
有事に備えて資産を増やす方法
——有事は予測できない。反撃方法を考えておく

　有事のときには、さまざまな噂が出るものです。本当の話もデマも混在し、本当のことを見極めるのは難しくなりますが、どんな噂がたっても惑わされてはいけません。

　有事に100％備えておくのは不可能です。しかし、**有事をバネにその後伸びることはできる**のです。実際にこれまでも、震災時などはいったんストップ高したあとに一呼吸おき、被害額とそれに対する復興策から建設株などが大きく上がり、主役銘柄は7～9連騰したこともあります。

　それでは、有事のときの反撃方法について具体的に言及していきましょう。

大きな災害では時間が経つにつれて株価が下がる

　震災が起きて経済混乱になると、規模にもよりますが、消費活動低下やサプライチェーンの危惧から株価は下落します。

　下落は、被害が大きいほど急激です。被害の甚大だった東日本大震災や阪神・淡路大震災は特に大きく下がり、東日本大震災のときは翌営業日にはマイナス6.2％になりました。20営業日後にマイナス5％、60営業日後はマイナス7％、120営業日後にはマイナス14％までいったのです。

　長く下げが続いた要因は、時間が経つにつれて被害額や影響が鮮明になったためです。そして原発問題の二次被害などについて、政府やテレビ局が情報を集めながら方針やニュースを流すので、それが個人の勝手な解説や現場の不満、風評被害や政策不信を生みます。そこから風評被害が生まれ、情報が錯綜し始めるのです。復興にどれほど時間がかかりそうかも市場の動向に影響しますが、一番問題なのは「何が起こっているのかわからない」という正確な情報がないことで、これによって投資家は保守的になって買い要因が消滅するので

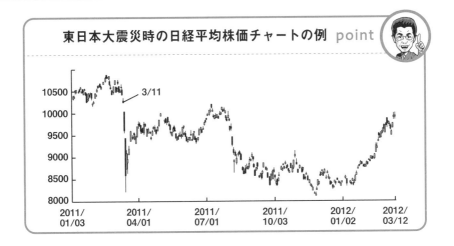

東日本大震災時の日経平均株価チャートの例 point

す。

　一方、新潟県中越沖地震のときは、ほとんど横ばいでした。規模地震は大きくても被害が少なく、かつ影響が限定的と判断されたからです。震災は大変なことですし悲しいことですが、それでも日本経済としては冷静だったということです。

　逆に、新型コロナの場合は世界的なパニックになってしまいました。外出すらまったくできなくなると、世界の株価だけではなく、経済が止まるから商品市況が暴落しました。とりわけ原油市場が大変なことになりました。現物市場では価格が3分の1になるという大きな影響が起こりましたが、実際の先物市場は信じられないことが起こったのです——価格が「マイナス」まで落ち込み、原油先物を買うと「お金がもらえる」という状況になりました。あり得ないことです（次ページ図）。

　原油は、保管場所がないと現物を引き取ることができません。急落したときにたくさんの人が原油を買ったのですが、タンカーやタンクが不足しましたし、コロナの状況で運輸方法もなくなり、限月（先物取引やオプション取引で、先物の期限が満了する月）までわずかなときに買ったものを売り出さなくてはならなくなりました。だから、原油先物は大暴落してしまったわけです。

東日本大震災では復興関連株が急騰

　東日本大震災のときの相場をもう少し詳しく紹介しましょう。

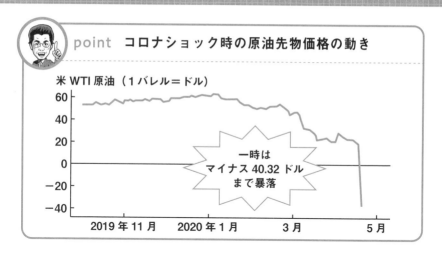

point　コロナショック時の原油先物価格の動き

米WTI原油（1バレル＝ドル）

一時は
マイナス40.32ドル
まで暴落

2019年11月　　2020年1月　　3月　　　5月

　地震が発生したのは、2011年3月11日（金）の引け前でした。土日を挟み、14日（月）の証券取引所では日経平均が前日比マイナス633円の大幅安となり、9620円で終わりました。

　そうしたなかで復興関連株だけが軒並み急騰したのも事実です。一方で震災に強い大型ゼネコンも伸び悩みました。全体の被害が大きいため、全国区のゼネコンはゼネコン自身の被害も大きかったし、被害が大規模すぎて人材確保も指示もうまく回らなかったのです。現状分析や目先の復興が先で、計画的な復興は遅れて始まったからです。

　反応したのは「特殊土木」です。東日本震災では津波が起こり、求められたのはテトラポットのような波消し中心の「浚渫（河川や港湾などで水底の土砂等を掘りあげる工事のこと）」だったのが象徴的ですね。そこで、区画整理や地盤改良会社で東日本に強い企業や、一時的な建機不足からレンタル業が反応しました。ほかにも、東京電力の事故から防護服含めたマスク関連なども急騰しました。これが東日本大震災時の動きです。

　私の教え子に、東日本大震災のときに東洋建設（1890）の株を30円で10万株買った人がいます。14日には78円まで上昇したので普通の人なら売ったでしょう。しかし、この教え子は売りませんでした。それは、阪神・淡路大震災よりも被害が大きく、連続性が出てくると考えたためです。その後数日間が経ち、120円まで上昇したときにすべて売りました。このときに震災のパターンを覚えていたということです。

天災が起こると最初は下がって買われますが、それは被害があろうがなかろうが買われます。しかし、**一過性以上に大きな被害の場合は、被害額に合わせて動く「実需」が生まれるということです。**

新型コロナの医療用防護服関連でいえば、アゼアス（3161）という株式が似たような動きをしました。当時を思い出せば、たしかにマスクがなかったですし、東日本から関西に逃げた人も多かったですよね。私はマスクを買いに行きましたが、本当はマスクの株式を買わなくてはならなかったんですね。

天変地異では復活の速い銘柄が先行して上がる

天変地異が起きると、３カ月から半年ほどかけて各企業の被害額が明らかになりますが、株式の世界では一定の被害額は推計され、素早く動き出します。その数字で企業の価値がどのくらいになったのかと考えられます。

従って、新型コロナのように景気の落ち込み観測が不透明な場合は時間がかかりますが、一般的な天災ではショックによる買い手控えと売却から株価の下げ過ぎになることが多く、割安になった企業から反転していきます。なかでも復活の早い銘柄には、一定の法則があります。

東日本大震災から１年後の株価上昇率トップ10を見ると、きちり（3082）、遠藤照明（6932）、UBIC（2158）などが並びます。**どの銘柄も「有事の前年から70％以上上がった銘柄」という点で共通しているのです。**つまり、もともと成長性が買われていたため、平時に戻ればまた上がると判断した投資家が多いということを示しています。必要製品は復活が早いという点も考えられます。今後はAI関連やデータ関連では同じようなことが起こりそうですね。

コロナショックの後に半導体関連株が上がりましたが、半導体関連株は前年から上昇トレンドにありました。その後は産業の低下で押していきましたが、長いトレンドでは産業として拡大基調です。

有事が起きても、基礎を理解していれば反撃しやすくなります。というよりもむしろ、取り戻す以上に資産倍増のチャンスなのです。いざというときを活用できずに、慌てるようでは勝ち残れないということも頭に置いておきましょう。落ち着いたタイミングで一気にGOすれば、テンバガーなんていらないのです。

30万円、50万円を元手に 少額からスタート
——資産を10倍にする方法

「少額からの増やし方」は、よく受ける質問の１つです。実は私が得意なのも、30万円を300万円程度にする少額投資です。

　少額投資となると、「毎日大きく儲かるものを見つけないといけないのではないか?」と思いがちですが、**１カ月先の目標を設定し、コツをおさえて運用すれば、資産をゆっくりと10倍にすることも不可能ではありません。**スピードアップしたいなら、基礎を徹底すればそれが逆に近道となります。

デイトレードで1日3000円を稼ぐのは難しくない

　基本姿勢として私がおすすめするのは、「可能な無理」を考えるということです。

　元手が30万円であれば、１日3000円儲けるというのは、つまり「300円以下の株式で1000株買い、３円以上の値上がりを取る」ことを意味します。決して容易ではありませんが、それほど無理なことではないでしょう。では、この３円幅を取るにはどうするか——201円の株式は、板上では「１円買いの２円売り」という状況が多く、202円で株式を購入したとして２円プラス３円ですから、プラス５円で売れなければなりません。

　つまり、１円が５円になるものを探すわけです。しかも、５円買いにならないと５円は売れない、という考え方をしますから、６円がつく必要があります。それではじめて３円が取れるということです。

　私たちディーラーは、この３円を取ることの重要性を教わり、練習しました。今は株価も高いものが多いので苦労しないと思いますが、とにかく５円動くものを探すことを基本としましょう。

　１カ月間で取引所が開くのは20日前後ですから、3000円×20日で６万円

point

1　30万円で1日3000円を考える

2　そう無理なことではない

3　3000円 × 20日 ＝ 60000円

4　1年で60万円の増加が期待できる

5　特に50万円超えたぐらいから速度が速くなる

です。これを1年間続けたなら、72万円になります。さすがに1年間達成し続けるのは難しいでしょうから、10カ月分で算出すると60万円になります。2カ月ぐらいの休みを考えてもいいはずですしね。

　つまり、元手が30万円の場合、1年間で60万円の利益を生むのは「可能な無理」なのです。5円動く株式を考えることの延長に過ぎません。そして、売った後の上げ下げは考えずに「3円を取る」という機械的な心で行うべきです。

　可能な無理を達成する秘訣は、「よい銘柄はどれか」ではなく「動く銘柄はどれか」という視点で考えることです。動くためにはみんなが興味を持たなくてはならないから、朝から注目されそうな銘柄情報を探すようになるし、売値も機械的な売買になるから迷いは少ないのです。これができるようになると、売買も気楽になってきます。

　そして、**注文を出したままにしないことも大事**です。指値をしてその株価になるのを待つのは構いませんが、デイトレで「この銘柄が上がりそうだ」と考えて注文したときに、買えずに上がったら「失敗した」と思ってください。そのタイミングで上がっても再び買える値まで下がったら買えますが、その動きはあなたが思っていた動きと違うのかもしれません。

　デイトレの場合は買えなかったら「下手だ」と考え、買い注文は消す癖をつけましょう。「買ったら上がる」と考えて出した注文ですから、それを買えずに先に上がってしまい、それが今度は下がり始めたということは、思惑と違う

point   少額投資の銘柄の選び方

- ☑ わかるものを追求する
- ☑ わかる範囲しか持たない
- ☑ 勘を持ち込まない
- ☑ 得意銘柄を作る
- ☑ その銘柄と市場の環境を比較する
- ☑ 前日上がった株式の理由を探す
- ☑ その日の話題を探す
- ☑ 関連銘柄を追求する

動きであることが多いのです。そんなときには1回消しておいて再考するという癖をつけましょう。**株式投資では常に下手だと考えてください。**うまいと思った瞬間から奈落が始まります。

30万円程度の資金であれば、ゼロになっても再チャレンジしやすいものです。思い切ってやってみましょう。給与1カ月分ぐらい1回は飛ばしていかないと、なかなかうまくなりません。特に若い人なら、まだ稼げるのですから。

年が若く、そして少額の投資であれば、全額を失ってもやり直せます。しかし高齢の方は、退職金として得た500万円、1000万円という金額は絶対になくすわけにはいきません。資産を構築したいなら、私の話す別の方法で取り組んでください。

少額投資では相場感でなく値幅感が必要

少額投資で重要なのは、お金に働いてもらうという価値観を持つこと。タイミングを見て買うのはいいですが、買ったまま放っておくといった考えはもってのほかです。お金が働けるよう、日々売買を繰り返してください。長期的に

挑むものと日々の投資資金は別にすることが大事です。

　デイトレで大事なのは値幅感です。相場感は必要ありません。何度も売買を重ねるうちに、まぐれ当たりに出会えます。まれにそういうことがあると、動揺して売ろうと思ってしまいます。しかし、思いがけない材料や値動きの場合は買い相場に切り替わっていることがあるのです。まぐれ当たりに当たったら、はじめからないものと考え、材料しだいでは少し保持してみてもいいでしょう。つまり、自分のルールをあっさり通過してワープしたような値段になったときには、ガッツリ握ってください。

　まずは、まぐれに当たりに出会うことを目標に取り組みましょう。何度もデイトレを繰り返すうちに、値幅感は自然と身についてきます。

　実際に私も、引け前に自己売買やデイトレによる強い株の投げが散見されたときにすぐに買い、翌日に開門されたら即売却、といったことを今でも行っています。これを「一泊二日売買」といいます。これも「この株式はどのくらいの値幅動く」という値幅感の勘を養うためです。

　デイトレは相場の勘を整えてくれるので、大きな金額を運用している人にもおすすめです。ハズレ続きのときに取り組むと、勘が戻ってきます。もっといえば、先物ミニ1枚の売買を続けてもいいでしょう。私のLiveではそうした矯正をやっています。うまくいかない、市場がわからないときは売買を控えるのが定石ですが、私は最低単位を引けで買い、明日の朝を想定して「上がっても下がっても翌日の寄り付きで売る」という縛りを入れて感覚を取り戻したり、前場の引けで買って13時までに売却したりして、日々の市場の流れる時間を取り戻せているかを体感します。そうすると、何がずれていたのか自然とわかるときがあります。海老で鯛を釣るがごとく、勉強のための出費は仕方がないと思います。高い本で学ぶより、実戦が大事です。

相場の流れを左右する大手証券の先物の手口を理解する

　少額投資でのデイトレードにおすすめなのは**先物取引**です。なぜなら先物取引には、個別の材料や決算がないためです。日経平均の動きを考えるだけでいいので、とてもシンプルなのです。

　失敗は相場観ですから自己責任の典型といえます。しかし、これを極めたら無駄な現物買いはしなくなるし、その日に手じまいするようになるでしょう。そのルールで行えば、個別銘柄に対する矯正ができてきます。**買い場と売り場を考える、この1点につきます。**少し上級になると、前日買ったものがまぐれで上がったときに、市場に自信があれば、その持ち玉を保持して新たに買い増すタイミングを探すという売買でもう一段階腕を上げられると思います。大勢観の中の目先観という幅が広がっていきますからね。

　大局さえ掴んでおけば、大抵の場合は逆張りで判断できますし、ミニ先物であれば被害を受けたとしても軽微で済みます。実は、私は先物が意外にうまいのです。一定の時間や曜日に着目して取り組むと、初心者でもおもしろさを感じられるでしょう。

外資系の先物の手口をチェックする

　42ページで記したように、ゴールドマン・サックスやバークレイズといった、外資系の証券会社の先物の手口をしっかりチェックすることも大切です。国内では、野村証券や機関投資家の手口が有用なヒントをもたらしてくれます。

　手口を見るときは、建玉の差し引きの株数に注目してください。あまり目立たないものの、証券会社が連続して売っているときもあるので、前日までの動向も踏まえて考えるのがコツです。**「世界的な投資機関が売っているのはここ**

なんだ」とわかると、自分自身がどう動くべきかが見えてくるはずです。

　ただ、今は東証が公開の仕方を変えたので、手口がわかりにくいのが難点です。外資はネット証券から個人の売買データを買いますが、個人は東証などの非公開によってデータを集めにくくなっています。外資は当局の保護のもとにあるという感じですね。

ゴールドマン・サックスは米政府に非常に近い存在

　各証券会社の特徴についても簡単に紹介しましょう。

　ゴールドマン・サックスの源流は1970年代、ユダヤ系の手形から始まった会社です。米国政府のバックオフィスに多くの人材を送っているのもゴールドマン・サックスの大きな特徴です。財務長官もゴールドマン・サックスの出身者が就くことが多く、選挙資金や政治資金を作るといわれているのもゴールドマン・サックスです。そのため政府の要請で動くことが多く、「ゴールドマン・サックスが偏った動きをしたときは、政治的に何かが起こる」といわれています。

　ゴールドマン・サックスには、**ピラミッド投資の第一人者**という側面もあります。要は、上だけに儲けさせるということですが。

　野村証券は、大阪発祥の企業で公的部門などにも力のある証券会社です。圧倒的なリテール営業で預かり資産を築き、国債や投資信託を販売したことで頭角を現しました。

　バブル時代に機関投資家に対する営業が活発になり、個人投資家に対しては、預かり資産の積み上げや売買手数料で儲けるよりも資産管理で儲けるようなタイプで、他の国内大手証券会社とは一線を画していました。今でも機関投資家や法人に強く、個人のラップ口座など資産管理型営業が続いています。従って日経平均ETFなどの注文が多く、公的資金も個人投資家も同社の手口に重なることが多いです。

　なお、**野村証券が売り、ゴールドマン・サックスが買っていたら、絶好の買い場と考えてよいでしょう**。ただし私は、「逆張り状況でなら」と考えていま

point　チェックすべき証券会社

初心者にもおすすめ！
大手の手口を理解して対局をつかもう

外資系 ：ゴールドマン・サックス、バークレイズ
国内　 ：野村證券

す。順張りで手口が偏ると、過熱しているときもありますからね。他社が売っているときに同社が黙々と買っていると、市場の変化が始まる可能性などを考えます。強いときでも持ち合いやニュースから突出して買っていたら、「新しい市場」と考えて買う場合もあります。

　私の場合、もしもこの状況を見つけたら、夜間であっても先物を買うことがあります。パターンであって絶対ではないのですが、確率が高いのです。個人売りや公的部門が換金しなくてはならないときに、ガバメントに近いところが買うんですから、わかりやすいですね。

　このときに、方向が明らかに決まっているのに、その手口から逆にアルゴを誘う売り買いもあります。たとえば、先物で38490円で90円の売りものが商いになったときに、最低単位1枚で500円を付けます。こういう商いが上値の売りものに同じようにすると、早く値が動き、買い優勢に見えて実は買いを誘うというような売買をするときがあるのです。買いを誘って後から一気に売りというパターンもありますから、外資が全体の方向性をどう見ているのかを把握して、買い方に注意しましょう。

株価を左右するイベントの
スケジュールに注目
──相場の方向を予測する

　資産の構築を志した後、真っ先に株価やチャートを見始める人がいますが、まず必要なのは計画です。**自分がどうなりたいのか、どうしたいのかという計画のない人は、大成したことはありません**。どうなりたいなどの計画がない人は行き当たりばったりで、計画的な行動が必要です。

相場のトレンドは週足チャートでわかる

　その「資産計画」を立てる際のポイントとなるのは、なんといっても日程でしょう。「株価が上がるのか、下がるのか」の前提には、「いつ何があるか」という日程上の理由で決定することが多いのです。それをもとに資産計画を進めたほうがいいでしょう。たとえば、日銀政策決定会合のように**金利が動くタイミング**を含め、需給の変化が起きやすいイベントの日程に早くから注目しましょう。

　市場を読むには、トレンドを精緻に予測することも重要なポイントです。

　市場のトレンドは、週足チャートだけでも十分に把握できます。株式市場では買い場の前には必ず売り場があり、売り場の前には買い場が存在しますから、週足チャートとイベントの日程を照合しながら見ると、次のトレンドを予測しやすくなるはずです。

証券会社レポートなどでよくあるタイムテーブルを活用する

　基本となる日程を押さえるときは、一般的な証券会社や情報媒体が出している内外タイムテーブルを活用するのがおすすめです。

　内外タイムテーブルを見るときは、さまざまな視点でイメージすることが大事です。たとえば、日銀の金融政策決定会合があるのなら、**議論の内容やコン**

センサスのような予想まで理解しておかねばなりません。決算発表の日であるなら、どの会社が発表するか、コンセンサスはどうなのか、株価の位置はどのくらい株価に織り込んでいるのか、何時に発表なのかまでを押さえるのです。ちゃんと出ている情報なのですから、しっかりやっておくべきです。

　源太カレンダーは本来、普通のカレンダーに自らそうした情報を書き込むものでした。証券会社が発行している内外タイムテーブルに記されているのは時代を経て高度になり、一般的に注目されるイベントの中の選りすぐりです。主に、各国の中央銀行の動きや政策、経済指標など株価の動きを読むのに必要なものが掲載されているので、ぜひ活用してください。

インフレの影響を考える

「景気はいいけれどインフレが気になる」とよくいわれるのは、物価が高いと金利が上がり、株式投資から債券投資（キャピタルゲインからインカムゲイン）に変わるため、株式投資は資金減少しやすくリスクが高まる可能性が高いからです。

　また、物価が上昇すると基本的に企業は社員の生活保護のために給与を上げます。ですから、企業は商品の値上げをするか収益を減らすかします。普通、企業は儲け確保に走るから商品代を上げていきます。そうなると物価の上昇が始まり、金利上昇が始まってしまい、市場がガラッと変わるのはこのためです。

商品の値上がりから購買意欲が薄れて不況になったときは、株価が急落する

可能性がありますので注意してください。ただ、給与が増加し購買意欲が下がらず、景気が上昇し続ける場合はその限りではありません。株価もインフレで上がっていくのです。それが行き過ぎたらバブルという過去の日本のような事態が起こります。

　ほかにも、前述のように雇用統計や鉱工業生産指数は、中央銀行の政策や市場のトレンドを推測する一助となります。ただし、その数字で中央銀行がどう行動するのかを想像することが必要です。

　従って、**予備段階で中央銀行などが景気をいかに捉えているかが大事**なのです。好景気を「危険」と考えれば雇用などが進み、賃金高騰が加速するようであれば当局は金利上昇などの防衛策に走ります。

　防衛策は景気を引き下げようとする意図があるのだから、株式にとってはよくないことで、先取りする株式が不利になります。こうした当たり前のことを理解していても、「いつ、それが発表されるのか」などを調べておく人は非常に少ない。「今週ある」というくらいのタイミングで知るケースが大半です。

　人が気にすることはよく覚えておくこと。そしてそれはいつ決定（発表）があるのかを知っておくべきです。それに合わせて自分の運用をコントロールしていくことが大事です。ただし、抑制が効かないと思うときは、投資せずに資金を作っておいて、政策警戒から株が下がるならば買いに走るべきというケースもあります。そのあたりの駆け引きのために経済などを先読みすることが、ここに来て新たな勉強として始まります。要は、**先に動くか、後に動くかを気にしている材料と、株価の比較が重要です。**この呼吸を会得するために、想像という「経験値」が必要となるのです。

5-8

10年先に何が儲かるか、
何が社会を変えるのかを考える
——急落時に買う銘柄を見極める

　私の特徴は、銘柄偏重主義ではないことです。資産を大きく増やしたいのなら、やはり将来を見据える力が必要だと思っています。**銘柄が上昇するのを期待する「銘柄頼り」の考え方をするのではなく、社会の変化を予測して投資対象を選ぶもので、社会の変化から来る「時代」に投資するのです。**個別株の投資は、個々の動きで行き過ぎになったり過熱したりという局面がありますが、時代の波に乗れば投資は時代が生き延びる限り続きます。そしてそれが根付けば、安定成長という状態から想定外の位置まで資産が上がっていきます。広くスケールの大きな視野をもってください。

　具体的には、デイトレとはまったく違う投資運用の発想で、「気がついたら株価が10倍になっていた」という銘柄を保持していくのです。デイトレは目先投資であって、細かい方向性の波を取ったり大勢を取ったりする投資の微調整やヘッジだと思ってください。時代の波に乗ることが、失うことができない人の投資法の基礎になるんです。

相場の急落時に長期投資候補を探す

　138ページで説明したとおり、有事の前から強いものは有事で下がるから有利になる、という銘柄があります。もともと将来性を見込まれていた銘柄が市場のアクシデントから下がってチャンスになり、その後、強烈に強くなることが多いです。ですから、何らかの理由で相場が急落したときは、慌てた投げが最初は出ますが、多くの人が将来よいと思っているために一定期間から反転する時間が他社より早かったり、反発幅が大きかったりします。

　そのような動き方をあらかじめ知って見ていることは、見ない人に比べて将来的に安心できる銘柄を見つけるチャンスとも言い換えられます。もっといえ

ば、「買うべきとき」に売らなくてはならないような状況にならずに済みます。有事でもなんでも、そのときに脚光を浴びたい株にしないと儲かった気がしないとか、周囲の憧れを利用して自分を宣伝する人は少なくありません。ただし、**「銘柄を当てたいのか、資産を作りたいのか?」**──これは私の決まり文句ですが、何度も話すこの言葉の意味を、あらためてよく考えてください。

　そして、**銘柄を見つけたら「いつ買うのか」**が基本です。ブラックスワンが出てきたときがそのタイミングであって、他の投資スクールと同様、源太塾でも「今しかない」というときは、そういうときなのです。日頃から将来に対しての企業探索と、ポジション整理だけはやっておいてください。

　急落に落胆している暇はありません。**「将来を予測し、大きな資産となる銘柄を見つけるときだ」**という、強い投資家になってください。下げ過程で早目に投げておくと、上げ幅が大きくなりやすい株式を下がったときに買い、早いうちに損金を取り戻すことが可能となります。

　ただ、新しい技術や開発中の商品の場合は判断しづらいでしょう。事業がうまくいくか確証がないからです。よい噂や高い評価があっても、業績がついてきていないから何度も確認するといった難しい状況も起こるでしょう。ですから、時代の変化が確定的になったあとで大きな急落などがあるときに組み入れたり、外資や日本の投資家が動きにくい時期を狙って株式が下がるときにじっくり買っていったりします。

運用者の狙う「値幅取り」は、個人投資家にも真似できる

「値幅取り」の考え方を用いると、ゆっくり買い進めるうちに経済が本来の調子に戻り、時代の変化から売れる必需品を作る企業は、高い確率で上げ幅が大きくなります。もっとも堅く儲けたいなら、新型コロナのような全面的な不況になったときに食料品や洗剤などの必需品企業を買うことです。安定成長している時期に入ったものが多いですからね。デイトレなどの短期売買では、先物の話で書いたように、下がった株式を下で買い、一段上に来たときに大勢として保持し、新たに押し目を狙って買い乗せし、その部分を何度も回転し、下はずっと売らない、というような売買をします。

　株を買い進めるときには堅いものが無難ですが、そこで10年先、20年先の

世の中がどうなっているかを想像してみましょう。それは個人の感性や好みもありますが、そういうときに「今、上がるもの」を見つけて自慢している時間はないですから、本気で買うのはなんなのか、ということですね。そうすると、身の回りで伸びそうなものがちらほら見えてきませんか?

　何度もいいますが、**「よいものが見つかったらすぐに買う」のではなく、「いつ買うかを考える」ということ**──これまで繰り返し話してきたことの意味がだんだんわかっていただけると思います。

　今後、どう考えてもエネルギーは電気が中心になっていくでしょう。EVを作るには電池が必要になります。電池も必要ですからそういう株式もいいですが、スマート化した自動車や家電で使われるのは、半導体やAIかもしれません。このように、**それぞれの分野でどこがトップ企業なのか、どれが本物なのかを探していくのです。**

　新たに必要とされるものは、ほかにもいろいろとあるでしょう。このように具体的に連想して、銘柄を選んでいくのです。これが真の資産構築のキモです。

長期的に上がりそうな銘柄を見つけたら?

　あらためて確認しておきましょう。**将来をイメージして選んだ銘柄は、急落などで仕込み始め、市場が好転したときに買い乗せます。**そして、長く買い進めるうちに多くの個人投資家が気づいて株価が上がり始め、一時的に株価が過熱していきます。一時的に大きな山を作ったり、何度も上げ下げしたりします。そのときに買い増ししたものを一部売りながら、市場の価格調整からくる「総資産の目減り」を、現金比率を高めることで守っていくのです。

　そうしたなかで、短期売買の技術は買い乗せの技術で生きてきます。うまく買ってもう一段上がったときは、買う時間もタイミングも警戒しますから、難しければ超短期売買でかまわないのです。保持している銘柄が安心できるかどうかを確かめるだけですから。

　そして、また買い場が見つかったら買い始めて、資産拡大を狙っていきます。**「情報」という曖昧なものではなく、自分で将来を見据えた「企業」という保険がある株式であれば、大きな資産を築いてくれるはず**です。

> **サプライチェーン**：商品がエンドユーザーに届くまでのモノの流れ

例）コンビニで売られているおにぎり

調達 ▶	製造 ▶	在庫管理 ▶	物流 ▶	販売
材料メーカー	食品加工工場	各拠点	運送業者	各店舗
米や調味料を仕入れる	おにぎり加工	商品ごとに分類・保管	トラックなどで指定された店舗に運ぶ	消費者が購入

　有事のときこそ将来を目指す株式をどんどん揃えていくという話は既に書きましたが、どのような要因で下がっているのかというファンダメンタルズが大事だったりします。コロナショックのときは、サプライチェーン問題から大きく下がった後に半導体が買われていましたが、自動車は遅れて反発しました。この動きを不思議に思った人もいるかもしれませんが、自動車の将来性から考えると自然な流れだったともいえますし、必要な順番であったり売り上げはどちらが先なのかという考えがあったりします。

　その点は臨機応変に考える必要がありますが、私たちは下がったからといって泣いてばかりもいられません。**今、何ができるのかを考えることが大事だと思います。その最大のチャンスに対応できるように、日頃から自分のできる範囲のことをしておくのです。**その範囲の質を他の人よりも高めるだけで、かなり変わってくるのです。

　ただし、無理をしてはいけません。いつ底を打つかはわからないので、「この株価であれば、将来的には上がるだろう」という水準を考えながら、ゆっくり買って資産を構築してください。

自分の将来がどうなっているかを考える

　コロナショック前から、近未来的なスマート化から半導体の需要は桁違いに増加すると指摘するレポートが多く出ており、需要が高まるのはほぼ確実とされていました。それがコロナ時に非対面社会への変化、そして収益性が変調した企業の製造構造から、新しい社会に向けたDXのニーズが生まれました。物流もスマート管理されてスムーズになりました。半導体は、必要性の面で大きな信頼を勝ち取ったわけですね。

　ただし誤算として、サプライチェーンが国内外を問わず人員不足で生産が追いつかなくなったということがありました。そのときは輸送手段として大量に送れる船便が採用され、米国などの港に大量に商品が届くけれど、やはり人員が足りないので荷物が流通できない。荷物を船から降ろせない状況によって船が確保できない業者が急増し、船賃が大幅に上がったのです。その反動で半導体価格が壊れ、「現状」を買う船株が大きく化けたのですが、これは前もって読むことができた流れです。

　問題は、ここから「将来的に必要である半導体の企業が苦しい」という評価が始まって、値下がりする局面があったことです。この見方も確かに正しいのですが、あくまで「現状」ですから、有名企業を買えばいい話ですよね。そして半導体は、その後AIが注目されたり機械化が始まったりしてようやく盛り返してきた、という流れになります。

　このように時流と現状とを見比べながら、収益が将来上がる構造を見つけることが大事です。これが大幅下落時の投資の極意です。**実は下がる前から将来性に期待があるものが狙い目で、その変化を考えていくのです。**

　複数の候補があるときは、「もっとも確率の高いものは何か?」と考えましょう。考える際の最重要ポイントは、ずばり**「必要頻度」**と**「市場規模」**です。具体的にどのくらい使われるかを算出するのです。ただし、あくまでも現状ではなく将来性で考えましょう。

　同時に、株が買われたら業績がどのくらい伸長するかも考え、それがどのくらいの時期に達成できるか、新しい社会の持続性についても一応検討してください。

将来について考えるなかで、自分の保有している銘柄に不安を覚えることもあるでしょう。私は、**将来が描けない銘柄を持つべきとは思いません。**そこはその企業を買っているご自身が判断することであり、「なぜ買ったのか」を少し考えてみてください。

　買いも売りも、基準とすべきは10年先にどんな産業が成長するか、何が社会を変えるか、という点です。将来を見て決断すれば、有事を味方につけられるでしょう。そのためには、繰り返しますが、その場面で買える状況に整えるということであり、資金がないならば「今、何が一番効率がよいか」を考え、持ち玉を投げて資金を作り、効率のよい株式に集中砲火する、ということも頭の隅に置いておくべきです。

チャートは形だけを覚えても役に立たない
──「形の意味」を理解する

　さて、ここまで来てやっとチャートの基礎に入っていきましょう。私は、チャートを否定はしていませんが、考え方の基礎を覚えてからチャートを使ってほしいと考えています。株式投資を始めると、チャートを目にする機会が自然と増えるでしょう。初心者はまずチャートの形を覚えるのがいいともいわれますが、ただ形を覚えるだけでは役に立ちません。それぞれ環境で変わりますからね。

　チャートはうまくいくときもありますが、その環境によるという条件があり、本来は他のテクニカルと合わせて考えるものなのです。

テクニカルもファンダメンタルズも極める必要はない

　そもそも株式投資の手法は、経済の潮流を読むファンダメンタルズと、細かい値動きを分析するテクニカルに二分されます。チャートを見て、図形でとらえて分析するのはテクニカルの一手法です。文系の人は読解力を要するファンダメンタルズ、理科系の人は数値や図形を活用するテクニカルに本来向いているといわれています。

　ファンダメンタルズとテクニカルのどちらが優れているということはありません。ちなみに私は、ファンダメンタルズを基本としながらテクニカルで逆張りをして、将来性のあるものや実力に対して売られ過ぎている、動いてないものを買うことが多いです。

　大事なのは、どちらを使ったほうが自分自身を納得させられるかということです。株式投資を続けていくと、自分の考え方に不満や不安が出てきて、自分をバージョンアップしたくなります。もともとファンダメンタルズを利用して

きた人はテクニカルを勉強したくなり、テクニカルから入った人は株の本質を知りたくなり、ファンダメンタルズを勉強し始めます。うまく作用すると私のように、ファンダメンタルズで選んだ銘柄をテクニカルで買うようになりますから、あながち間違った行為ではありません。

ファンダメンタルズ投資をしていると、速さが主流の現在の投資に追いつきたいという思いから、テクニカルのほうが近道（大事）に見えてきます。一方でテクニカルから始めた人は、チャートで分析して投資しても「絶対」がない世界ですから、間違うことが増え始めます。そのときに「理論的に経済や材料を勉強しなければ」と気持ちが変わるんですよね。そこで経済理論で裏付けしたいと考え、ファンダメンタルズを勉強したくなるわけです。

しかし、それまでと別の方法を取り入れるときは要注意です。それぞれ頭の使い方が異なるので、うまく理解できていない、要は思い込みが激しくなることがあるのです。

理解不足は失敗のもとですので、大きく損をしないよう気をつけつつ、双方を参考程度に見るようにし、徐々に双方のよい部分を活かしていきましょう。一番まずいのは、理解が中途半端な状況で、盲目的に信じ込んで全力投球することです。それまでと違う投資を始めたときに、こうなってしまうことが稀にあります。

チャートを見るときには形の意味を覚える

ここで、テクニカル分析における基礎知識を紹介しましょう。**テクニカル分析でチャートを見るときに重要なのは、形の意味を理解しているかどうかです。**

上昇トレンドにありながら株価が一定範囲で上下を繰り返す状態、つまり「**もみあい**」と呼ばれる形があります。もみあいは投資家が思案している状態を意味します。たとえば、株価の目標が1000円の銘柄が800円まできたときに、本当に1000円まで上がるのか考えているような状態です。企業の業績が順調なのか、市場の方向性は変わっていないかなどを判断する「確認すべき

下落トレンド⇒上昇トレンド		上昇トレンド⇒下降トレンド
	ヘッド アンド ショル ダーズ	
	ダブル	
	ソーサー	
	ライン	
	スパイク	

時間」だと思ってください。

　決算発表まで動きにくくなって「もみあい」が生まれるケースは少なくありません。逆に、決算発表前に期待で上がり始めた場合、決算数字が想定通りならそこから「保ち合い」になったりします。「もみあい」は期待材料があるなかで真偽を確認し合う状況で、「保ち合い」は基本的には材料などが出て、過去から持っていた人が満足したことから売却していくことですが、新たに評価した人が買いに行くので、上にも下にも行かない状況を指すと、先人には教えられました。

リバーサル・フォーメーションは相場の反転を示す

　チャートの分析手法は、海外にもさまざまあります。代表的なのは、**「反転パターン（リバーサル・フォーメーション）」**でしょう（上図）。

下降トレンドから上昇トレンドへ、上昇トレンドから下降トレンドへ、相場が反転するチャートの形が、リバーサル・フォーメーションです。日本でも似たものはありますから、こういうものは国に関係なく、相場で起りやすい現象なんでしょうね。ちなみに、日本名では「ヘッドアンドショルダー」は「三尊型（天井も底も同じ言い方です）」、「ソーサー」は「鍋底・団子天井」といいます。

　左ページの図の中でも、よく登場するのがダブル底のパターンです。1回目の底まではどんと売られ、売られ過ぎたためにいったん戻ります。しかし、途中で売り損ねた人が戻ったタイミングで売り、2回目の底ができるのです。2回目に底をついた後は、売りたい人が一巡しますから反転します。

　ネックライン（高値のポイント間を真横に結んだ線）を超えると、過去に近い値で買った人の売りが出て、もみあいや調整が発生します。基本的にはネックラインまで戻った株式は、企業に問題がない限り再び上昇することが多いです。

　ダブル底のパターンは理論的にもわかりやすいですし、先物など日経平均でよく出るケースです。**業績や個別案件、玉関係が難しい個別株は、確認や処分の時間がかかってヘッドアンドショルダー（三尊型）になることが多いといわれています。**覚えておくといいでしょう。

チャート分析は行動が遅れるのが難点

　チャートをもとにした分析は、現状を確認してからの動き出しとなるため、投資への参加が遅れがちになるという欠点があります。

　テクニカルで抜け出しを買うとしても、現場に張り付いて秒単位の売買なら乗れますが、一般的な社会人は引け後「形がよくなった」と思って買っても、多くの人が同じことを思うため、若干不利な買いをすることが多いのです。

　週足などで中期投資ならばかまわないのですが、デイトレなどでは少し気をつけて売買してください。

　そのため、**チャートは中長期での投資判断には有用ですが、暴落時に買いを探すときなどスピードを要するときには不向きです。**あらかじめテクニカル分析で迅速に判断したいなら、過去の高安から押し幅や上げ幅を計算（N波動や黄金分析）したり、価格帯別出来高で抵抗する価格や一目均衡表の雲など、一

point　最強はテクニカル×ファンダメンタルズ

☑ チャートは中長期での投資判断に活用する
☑ ファンダメンタルズで見込みを想定する
☑ 逆ウォッチ曲線やストキャスティクスを併用する

般常識的な知識を入れておきましょう。チャート分析では、底入れや天井を確認してからの出動になることから、私は否定的な姿勢です。

　逆ウォッチ曲線やストキャスティクスなどで市場の過熱度やパワーの状況を把握して、ファンダメンタルズの確認からくる見込みを併用するのがおすすめです。すると市場に対して反応が早く、チャートも活用できる場面が想定できます。チャートのみの確認よりも先読みしやすいはずです。また、私の「源太指数」も、テクニカルでありながら機動性に優れています（パワー系ですが）。

　要するに、源太カレンダーのポイントの日や、みんなが気にしている経済の発表直前で株価がどういう位置なのか、あるいはみんなの心理がどんなチャートとなって現われているかを必ず見ます。**チャートは、決して売り買いを決めるためのものではありません。心理状況や株価の位置を知り、現状分析に使うためのものです。**だから、チャートよりも心理の出やすいストキャスティクス（相場の買われ過ぎ・売られ過ぎを判断する分析手法）や逆ウォッチ曲線（株価と出来高から株価変動を予測する分析手法）などで、数値的に過熱度を見ておきたいところです。

5-10

テクニカルを利用した
売買タイミングの見極め方

　株式投資のエントリーには、6カ月から1年以上先を見越して買うロングポジションの考え方もありますが、即効性を求める人が興味を示しがちなのは、買ってすぐに売るタイプの短期売買のタイミングです。

　短期売買のタイミングは、人を盲目にしがちです。比重を高めるほどリスクが上がりますが、そこをコントロールできたら、ポイントの日やテクニカル分析によるエントリーも十分可能です。いざというときに、テクニカルでの運用で成果をあげられるよう、失敗を避けるコツを学びましょう。

知るべき基本テクニック

　そもそも株式投資の前提として知っておいてほしいのは、「買いたい理由」と「成果を上げるまでの時間軸」が投資家自身で明確でなければいけないということです。短時間で勝負すべきときと、ゆっくり利益を狙うときでは、買うべき銘柄もエントリーの手法も異なるからです。

　テクニカルに取り組む前にまず自問して、**自分がいつまでにどうなりたいのか、特に若い人は失敗を恐れないで、ブラックスワンが来たら生け捕りにしてしまうぐらいの気力が大事です。**テクニカルはその中でのアイテムですが、源太流投資の中では、最終的に自分の投資が間違っているかどうか確認する1つのアイテムに位置します。

　短期で成果を上げたいときは、テクニカル分析が向いています。ただ、ある一定の指標に対してヒットポイントに来たら、ぱっと買ってすっと売るタイプの運用方法で、自分が想定した方向の反対に来たときにはすぐに反対売買するのが鉄則です。ゆえに、自分の納得いかないものは買わないことが大事です。そして誰かが推奨している銘柄を買う場合は、その理由とテクニカル的にどの

ような状況かを確かめてから短期的な視線で進めましょう。

　納得してもいないのに、人から言われただけで買うこと自体がナンセンスですが、ときとして便乗したいときもあるでしょう。そういうときは、ヒットポイントを自分で出してから買えたら早目に回転します。聞いたもので大儲けできたらいいのですが、基本的には損したくないですからね。

　テクニカルは一瞬早かったり遅かったりするだけで、勝敗が変わるのが特徴です。「ラインを超えたら買い」といった場合もありますが、ラインを超えても再びラインを下抜ける（騙し線）こともあり、タイミングを間違えないようにと思うほど焦るのですが、そこは冷静に対応していきましょう。

　どのテクニカルを使うかにもよりますが、チャート分析や黄金分割、移動平均法などの投資になると、基本的に指値注文が多いです。ですから、空振り（出した注文が成約しないで株価が動いてしまうこと）した場合は注文を一度消さねばなりません。上昇して買えなかった場合は、再び下落して元の値段に戻ったとしても買い場が2回あることは少なく、テクニカルを元にした場合はワンチャンスと考えるべきです。まだ買うべきか判断するのが難しいという場合、あらかじめ再度くることを想定しているならば問題はないですが、もう一度ポイントが戻るということは、むしろ正しいかどうか確認にきたということで、様子見になるんですね。逆に売るべきタイミングかもしれません。右ページの図にあるN波動も、買いのタイミングを見定めるのは難しいでしょう。

　チャートの動きがNの形になり、前回の高値を抜いたら「買い」というのがセオリーですが、すぐに下がるかもしれませんし、続いて再び上昇しかけて下がると三尊天井という形になります。三尊天井が形成されたら、相場が天井をついたサインとよくいわれます。ですから、三尊天井やN波動Y波動のチャート分析の場合は後から解釈が変わることがあり、買い場の市場環境からずれてしまうと、逆に致命的な失敗となってしまうのです。従って、とらわれ過ぎてしまうと間違いが起きやすいわけですね。そうやってテクニカルを、来るべきときに使うために鍛えておいてください。

アルゴの注文が出たら買わない

　正直、個人投資家がテクニカルで勝負するのは難しいといえます。テクニカル指標は、本来は損をしないために考えられたものですが、テクニカルからの

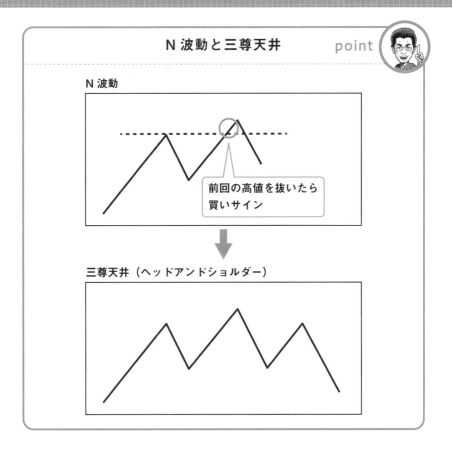

N 波動と三尊天井 point

N 波動

前回の高値を抜いたら
買いサイン

三尊天井（ヘッドアンドショルダー）

注文はAIが出す注文の1つでもあります。アルゴ取引（コンピュータが最適な発注タイミングを判断して自動的に売買の注文を出す取引）の影響も大きいのです。速さでは機械に敵わないですから。

　昔は、アルゴ取引があると100株あるいは200株単位の注文が同じ時間にずらっと並びましたが、今は注文数をランダムにして自然に見えるように取引されます。しかし同時刻に出すわけですから、「細かい注文が同時刻に同値で約定する」注文を見つけたら、少し様子を見ましょう。個人の注文ではこれほどの偶然はほぼ起こり得ないので、アルゴ注文だと認識してください。

　売りのアルゴ注文が個別株に出てきたら、方向性や相手の考えがわかるまで決して売買してはいけません。しばらく売りが続く可能性があるからです。売りが続くならば一緒に売ればいいかもしれませんが、実際には単純に処分した

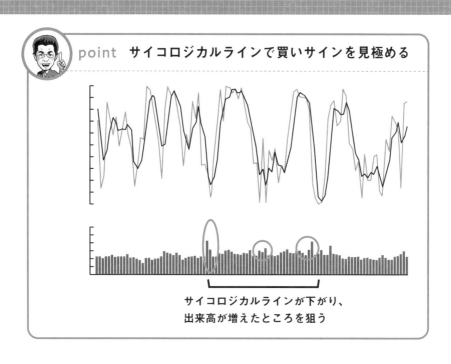

point サイコロジカルラインで買いサインを見極める

サイコロジカルラインが下がり、
出来高が増えたところを狙う

だけで投げたら上がってくることもあるし、方向性に関係ない商いも多いのです。だから間違いやすく、動揺したらきついのです。それを有利に展開させるために、時間的概念についての話、主体者の動きについての話、そして板の話もしました。こうした合作で挑むと他の人に比べて損はしにくいし、なおかつ実は、この本を読むうちに運用術も自然に入っていますから、幅を取るやり方もわかっているはずなんです。

　なお、**手数料無料の証券会社は、ヘッジファンドに注文のデータを売っているので要注意です。**特定の名前を出さないから問題はないといいますが、彼らは個人の注文をAIで解析し、買った水準や値下がりしたらどの水準まで下がると厳しくなるのかなどを知っています。通常のテクカル分析などは、人が思うよりもAIのほうが早く動き出し、個人投資家は勝ちにくくなってしまっています。ましてや最近は先物取引や為替で多いため、言葉に反応するAI取引も登場しており、ネガティブと思われる言葉をニュースや情報端末が発したら、一気に売り叩かれることもあります。

　このように人間は、速さではAIに適わないし、1週間遅れで発表される投資

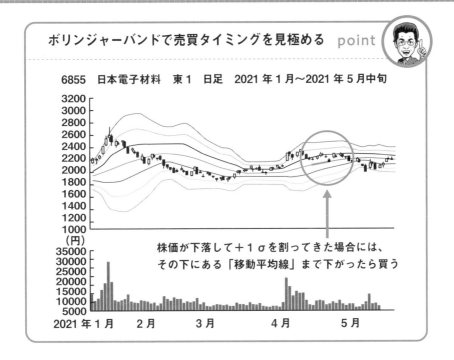

ボリンジャーバンドで売買タイミングを見極める　point

6855　日本電子材料　東1　日足　2021年1月～2021年5月中旬

株価が下落して＋1σを割ってきた場合には、
その下にある「移動平均線」まで下がったら買う

主体別動向では役に立たなくなってきています。

サイコロジカルラインとボリンジャーバンドを活用する

　テクニカルで私がよく活用するのは、サイコロジカルライン（投資家の心理を数値化した指標）です。サイコロジカルラインでは、相場の過熱具合がわかります。

　私が狙うのは、サイコロジカルラインが下がり出来高が膨らんだところです。サイコロジカルラインが上向いたときには、株価は既に上昇していますので、その前の出来高が上昇したところが買いのポイントなのです。サイコロジカルラインの低いところで買うと値幅を取りやすいですし、順調な地合い（相場の状態や値動きのこと）ならば途中で売り買いする必要もありません。

　テクニカル分析による売買のタイミングでは、ボリンジャーバンド（移動平均線を中心に、上下に標準偏差を表示させた指標）もよく使われます。標準偏差のバンドは、2～3本表示されるのが一般的です。たとえば、株価が下落して＋1σを割った場合は「その下の移動平均線まで下がったら買う」といった

ように活用します。

　もともとボリンジャーバンドは、週足など中期投資のために開発されたものでした。しかし最近は、日足や5分足でもよく使われています。

機関投資家が売り切るタイミングで買う

　テクニカル分析による売買のタイミングは簡単ではありません。もし取り組むのであれば、月別の売買の話で解説したように、機関投資家の売りが切れるだろうと考えられるタイミングで行うのが有効です。**国内の機関投資家の場合は3月と9月、ヘッジファンドの場合は11月と5月、欧米の年金は12月と6月——これを基本として考え、自分が持っている株式はどの買い主体が多く持っているのかを考えておきましょう。**

　中間決算で見直しが入ることもあれば、後半から運用スタイルが変わることもあります。そういうときに下がればいいのですが、徐々に売ってくるときと、一定のときに場外クロスから翌日売却などがあることは既にいいましたね。ここで一段上のテクニックを少し覚えておきましょう。場外クロスは決められた日近辺で行うので、月末辺りで何か気になる日があればその近辺でクロスが行われ、クロスで引き取った証券会社が運用者や外資に反対売買してきます。おそらくみなさんも、なんか下がりそうと思ったらなんとなく強い日だった、というのに覚えがあるのではないでしょうか？　こういうときは、「市場が変わる要素が出てきた」と思うことが大事なんです。市場で想定通りの動きが出ないときには注意が必要ですが、私はこの場合、「下がるはずだったのに、誰かが買っている」と解釈しています。これは基礎の応用ですが、市場の基礎がわかれば、このように市場の変化を先取りすることができます。

　機関投資家は、決まりだからどうしても反対売買を迫られます。だから、これらの時期は相場が乱高下することが多く、絶対はなくても決算は株の世界ではあるということです。逆にそれは他の運用者に狙われているともいえます。これも市場仮説的な動きです。

　こうした傾向だけでも知っておくと、先行きが悪いようならば早く売ってくる、見通しがよければ最後まで悩むだろうなどの考えが浮かび、買いどき・売りどきを判断する参考になると思います。

短期売買で利益を確保する
——板読み投資法

　あなたは短期売買の場合、株価が上がるタイミングで買うのがいいと思っていませんか？　実はむしろ、プロの多くが買うのはみんなが売っている局面の場合が少なくありません。

　もちろんすべてではないし、なかには効率的投資から市場に順張りの方もいます。しかし、いわゆるコアや組み込まざるを得ない銘柄はそうであっても、自分が長く付き合おうとしている銘柄や長期投資ならば、少し余裕を持ちながら買うので、人が話題にするよりも少し先に集め始めて我慢することが多いのです。もちろん、売られているときが必ず買いということではありません。

　では、いつ動けばいいのか？　それを判断するためのポイントを紹介しましょう。

短期売買のエントリーのタイミング

　いい判断ができるかどうかは、立ち会いが始まる前にほぼ決まります。**まず日経平均が1日の間でどのような動きをするかを予測する作業が大切で、立ち会い前に必ずシミュレーションをしましょう。**

　たとえばNYが高かった場合には、一般的には「今日は高い」と判断しますが、そのときに終日上がっていくのか、高く寄りついて止まっているのか、高く始まって1回下がってからまた上がるのか、「高い」という解釈でもこれだけありますよね。ですから、前場で自分が行うこと——やりたいことをまずまとめておくのです。

　そのような「すべきこと」を決めておいてから、その日どう動くべきか作戦を練ると、非常にいいですね。そのときに「明日はどうなんだろう」と考えておくと、もう一段ギアが上がり、レベルが上がっていきます。そうして興味の

あるものを数銘柄取り上げ、その動きをよく見ていくのです。

再度同じことを考えますが、「今日の日経平均は高いぞ」と読んだなら、「最初から高くて途中で押して、後半でまた高くなる」「最初は安くて後半で上がる」「しばらく安い状態が続き右肩上がりになる」など、具体的に時間的配分を考えながら、明日の市場も考えて想像してください。

仮に、昨日買った人が9時半までに売ることが想定されるなら、私は「強いときは見逃して、9時半前後の売りが出るときに下がれば買おう」と考えます。そして「10時半くらいに海外が始まって強くなったら一度売却しよう」と考えたりします。1日の動きを想像するのがデイトレードの基礎で、実際そうならなくてもよいから、明日が高いなら今日のどこで買うかなどを考えましょう。外資系の動き出す時間は既に教えました。それらも加えて自分が動く時間を考えてみてください。

板読みで短期売買をする

もうひとつ重要なのは**「板を読む」**ことです。「板」とは、売りと買いがいくらでどのくらいの株数が出ているのかを示す、「売買状況」あるいは「市況情報」といわれるものです。通常の証券会社のウェブサイトで見られる板は一部分ですが、**時間があれば上下すべての板を確認できる「フル板」の情報も見ましょう。**

板には、投資家の感情がもっともよく表れます。板に並んでいるのは、投資家がこの株価なら「買える」「売れる」と思っている金額なのです。売り注文が多ければ、そこまで上がると思っている人が多くいるということを意味しています。実際は買いにくくても売り注文が多く、買い注文が少なければ買いのチャンスというときが意外に多いのです。

たとえば右ページの図の板で2000株を買いたいとすると、買い指値の一番上の売り買いのない556円のところに2000株の指値注文をいれがちです。しかし556円で2000株の買い注文が入ったのを見ると、他の投資家からすれば「下で買いにくい」と感じてしまい、下の指値が上がったり、強く見えるから557円で買おうと考えてしまい、結局、556円では買いにくくなっていきます。

板読み投資法の例　point

売数量	値段	買数量
4000	559	
	558	
3000	557	
	556	
	555	10000
	554	3000
	553	2000

売数量	値段	買数量
4000	559	
	558	
3000	557	
	556	2000
	555	10000
	554	3000
	553	2000

557円で2000株を
買われてしまったため、
売数量が3000株から
1000株へ減少している

売数量	値段	買数量
4000	559	
	558	
1000	557	
	556	2000
	555	10000
	554	3000
	553	2000

　こういうときは、一度買い指値を消して誰かが動くのを待つのが賢明です。様子を見ている間に、556円で2000株の売りが出るかもしれません。上がる気配で、何もなければ買い指値を見ながら作戦を考えますが、556円で2000株を入れたことによって誰かが反応したのであれば、買い注文を消すと売りがまた出始めたりします。**あったものがなくなると人は不安になり、板状況が変わることが多いのです。**

　自信があるならば指値する前に557円を買いに行くほうが自然ですよね。だ

point　　　**短期売買で勝つコツ**

☑ 立ち会い前に、その日１日の流れをシミュレーションする
☑ フル板をじっくり見る
☑ 自分の行動に対して、他の人がどんな感情を抱くかを推測する

から、一度に買うのではなく半分ずつという買い方が適当なのです。

　板には、自分も含めすべての投資家の気持ちが現れます。**自分の指値で他の人の気持ちや行動が変わることがあるので、他の投資家がどう考えるかを常に想定して動いてください。**
　初心者には難しいかもしれませんが、気をつけてみる癖をつけると大丈夫です。中級者であれば身についているでしょう。

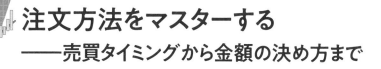

注文方法をマスターする
——売買タイミングから金額の決め方まで

　私はこれまで40年ほど、株の売買をしてきました。その間には何度か大勝負をする機会もありました。しかし、1回大きな勝負で勝つと、大勝負でないと満足できないように感じることがあります。行動ファイナンス理論の「感応度逓減性」の問題で、額が多くないと儲かった気がしなくて、細かい損金をないがしろにするようになりました。

　注文には、自分自身の過度な自信や虚栄心が現れがちです。大きな損失を出さぬよう、注意していかなくてはいけないのに、儲かったことから価値観が変わってしまい、いわゆる「てんぐ」になってしまったら駄目ですね。なかにはその連続で大金を手にする話もありますが、自分の経験則からいえば、「全員がそうはならない」ということを頭に叩き込んでください。

株で資産を増やす人はルールを決めている

　株で資産を増やした人は、資産管理と自己管理を徹底しています。資産管理というのは、儲かったかどうかを把握することではありません。自分がどこを目指し、そのために何をするのかを知るということです。そして今、自分がどこの位置に立っているのかを把握することなのです。

　資産管理や自己管理にはルールを作ることが大事ですが、この本の資産管理の項目で、自分のデータから自分の癖を覚えるようにと書きました。そこから矯正していくのですが、まずは一般的に矯正で大事なことを話しましょう。

　注文における自己管理でおすすめなのは、売買注文を出す前に、注文する理由をあらためて自問自答するという方法です。
　たとえば日本製鉄を買うのであれば、日本製鉄特有の材料があるのか、トヨ

タ自動車などが上がっていくことで、鉄の需要という景気の上昇や総体的な値上がりから上がると判断したのか、注文する理由を整理しましょう。他の銘柄と連動して上がるのなら、市場の状況を十分に確認したか、自分自身に問いかけてください。固有の材料やテクニカルから判断したのか、市場全体の循環から判断したのか、どちらに当てはまるかも考えましょう。意外に冷静になるし無駄な売買がなくなります。

買うタイミングを考える

注文理由が明らかになったら、注文するタイミングが適切かを確認しましょう。今でなくてはいけないのか、前場中なのか、今日中なのか、明日でもいいのか——この質問を自分に投げかけることで注文の仕方が変わります。

現在の投資家は「今の動き」を追い求め過ぎて、今買うだけになっていますが、「明日でもよいのではないか?」と思うことで、「ほかでもいいや」という気持ちが起こって衝動が収まったりします。興奮して高値掴みするのはリスクです。「買わないとよく上がる」といいますが、「買ったら下がる」ともいいます。どっちもどっちなんですね。だから、よい銘柄が見つかったらいつ買うのかと問いかけますが、はじめから今日が勝負と思った場合はその答えはすぐに出て、迷いはないはずです。「なんで今なの?」と自分に問いかけてください。

指値で注文する際は、寄り付き前に注文を出すなら、その日の株価が高くなるかどうか前述したように考えましょう。ザラ場注文後でも、その後、高くなるのか低くなるのかをしっかりイメージしてください。

多くの人は、前日の終値が215円であれば、翌日に215円で買い指値をしがちです。しかし、昨日が強くて大引け前に下から買い注文が入っていたら、今日は上がって始まるかもしれません。また、実際は急に上がって売りそびれた人がいるから売りものになることもあるし、あるいは「昨日は最後に売られているから、安く始まる」と考えるのなら、212円で指値を入れるほうがいいかもしれません。そこは経験値ですが、とにかく買う値段を1回よく考えるということです。

朝になると、さまざまなニュースが出てきます。**ニュースを受けて、投資家が何を思うかを考えながら思案するといいでしょう。**

いくらまでなら買うか、売買の許容範囲を考える

売買の許容範囲を考えるのも重要です。いくらまでなら買うのか、いくらまでなら売るのか、チャートで計算してもいいですから、あらかじめだいたいのゾーンを決めてください。

もちろん、大きな変化があったり、どうしても急ぐような状況だったりすれば話は別ですが、一般的には取引が始まり株価が動き出してから「今すぐ注文しなければ」と、焦って注文を出すのはいけません。**冷静でないと的確に判断できないのです。**だから、買うつもりで来て朝から強く動くときは、買いにくいと思っていても、動き始めたら慌てて上値を買ってしまう、などという人が多いですね。

買うときは、この銘柄が「いつ上がるのか」「どこまで上がるのか」を想定すると、自然と指値が決まります。売りの場合も同様です。

株価が勢いよく上がっていると、慌てて売りに出す人がいますが、なぜ上がっているのかを考えず、儲けている間にと成り行きで売り注文を出したくなります。結果、その後さらに上がるというパターンが多いので注意しましょう。

価格が決まっていて時間軸を広く取れると、失敗が少なくなります。予期しないことが起きたら、慌てず調べることが大事です。そのときに総額が上がっているかなどもポイントです。

前日のNYの環境、時間外の日本株の状況を見る

売買のタイミングや株価を考えるときは、前日のNYの環境や時間外の日本株の状況も把握しておきましょう。「世界の株価」であれば、PCでもスマホでもチェックできます。日経平均CFDなら、時間外の日経平均の動きがわかります。

個別銘柄の場合、信用取引での売買が多いので、信用の買い残も調べておく必要があります。地合いしだいですが、売買代金が全治多いときは、信用残が少々多くてもこなしますが、売買代金が少ないと多いと動かない、というのもあります。また、信用残が多いのに売りものが板状に出ていないときは、「ど

こかで来る」と思いながら見ていかなくてはなりません。日経平均先物も裁定残が多いと動きにくいのです。「個別銘柄となると信用買い残が負担」と話しましたが、時と場合によりますし、材料や勢いも重要となります。だから、時間や曜日の感覚が大事で、信用取引が借金であるということは忘れないでください。その中で一番判断基準になるのが、信用の残ということです。

注文金額は給与額をワンショットと考える

1回の注文金額を事前に決めておくのも重要です。**注文金額は人それぞれですが、一般的には自分の1カ月の給与の額面が目安とされています。**

ただし、この考え方は平常時で行くときには行くというのもあります。たとえば平常時に、それまでの貯蓄300万円の資金で投資するときも、200万円分を一気に買うようなことはおすすめしません。儲かればいいですが、それでは「一発儲けてやろう」ということで、相当な成功確率を必要とします。

もちろん、そのような成功確率の高い局面ではよいかもしれません。しかし、多くの銘柄に可能性がある局面ということもあります。仮にその銘柄が思うように動かなくなったら資金が死んでしまい、これでは勉強するよりも祈ることが多くなります。つまり、総体的に利益が出にくくなるのです。経験値を上げるために、投資初心者の方には損金が管理できる範囲内の売買をおすすめします。

要は、**自分の扱い慣れた金額であることが大事なのです。**資産1億円を超えた人でも、ワンショットは300万円と決めている方もいます。ときに大きな金額で売買すべきときもありますが、600万円あるいは1500万円といったように、勝負にいっても基本となる注文金額の倍数で取り組むといいでしょう。扱い慣れている金額のほうが成功しやすいようです。

ワンショットの注文金額を決め、一定金額で売買を続けるのには、損益の割合を把握しやすいという利点もあります。

買った日と売った日を記録し、何日間保有して何%の損益があったか統計をとると、儲けやすいタイミングや**情報元（雑誌やテレビ、ネット）ごとの良し悪し**など、何かしらの傾向が見えてくるでしょう。同時に失敗も記録されることになり、自分の悪い癖が徐々にわかってきます。こうして慣れてきたりコツがわかってはじめて、大きな勝負ができるのだと思います。

自分の指値注文で板の雰囲気が変わるかを見る

　先ほども書きましたが、自分が指値注文を出したら、板の雰囲気が変わるかどうかのチェックも怠らないでください。自分の注文に対して、他の人がどう思うかを見るのです。仕事などをしている人でも、とにかく5分後も見る癖をつけてください。

　自分の注文に対して他の人がどう思うかを知るのは、大きな学びになります。最初は何を言っているかわからないでしょうが、まずは訓練してください。

　感情で買うときもあるとは思いますが、ときとして行き過ぎた投資になります。しかし、板を見ていれば何かに気がつくこともあります。成り行きで買った後、もみあいになって結局、効率が悪くなるパターンも少なくないので、注意が必要です。

　また誤発注でも、たまに指値でうまく難を逃れて助かった、なんていうときがあります。板を見ながら注文するときは、急ぐ変化では成り行き注文もありますが、指値注文が多く、自分の買い指値に注文が出ないことから気がついたりします。明らかに価格の違うものを買いにいっていたら別ですが、似た値段ですと助かるときもあります。

　コード打ち間違えはいつか流行るのですが、やらないほうがいいでしょう。早く対応するために自分が注文を出した株式の板は、ちゃんと出たかどうかまでは見ておきましょう。

買いのチャンスは1回、どこで買うかを見極める
——短期売買の注文の出し方

テクニカルで注文するときにも書きましたが、短期売買の場合は基本的に買うチャンスは1回です。上がると思って買いにいったわけなので、下がったら判断ミスということになり、売却するのがスタンダード。上がるまで待つという選択肢もありますが、そのときに株数を増やすかどうかは少し考えましょう。上がるときは、長く買うチャンスがないのが普通ですから。

失敗すると、「世の中が間違っている」「相場が間違っている」と人のせいにしたくなりますが、自分の間違えを認識し反省しなければ、いつまで経っても成長できません。偏った発想をしていなかったかなど、自分をよく振り返ることが大事です。

買った株が下がったらいったん損切りする

短期売買のときに買った株価から下がっていったら、あれこれ考えることなく機械的に売りましょう。上がると思って買っているのが下がったのですから、すでにその時点で「間違った」という認識が必要です。ここは強調しますが、「損をした」というよりもむしろ「間違った」ということであり、重要性をどこにおくかの問題なんです。

意地になったり動揺して、ナンピン（買い増しして平均取得単価を下げようとする取引）をしたくなったりする気持ちはわかりますが、一度まずいと思ったときはパッと投げるのが正解です。

売った後は多少冷静さを取り戻しているので、その銘柄が「再度買うほどの魅力があるか否か」と考えると、自ずと答えがわかります。もちろん、「さっきの買いは間違いだったが、このタイミングは買いである」と思ったら買い直していいのです。

平静な精神を保つコツは、売るのは損切りではなく、次のものを買うための資金作りと考えることです。発想の転換ひとつで、大きな損を回避できます。

株価に「絶対」はないからゆっくり買い集める

中長期投資は、複数回に分けて買うのが一般的です。なぜなら、株価に絶対はないからです。

テクニカルの観点で上がると確信をもった場合は、「今しかない」と一度に大量買いすることもありますが、**ポジションの話と同じように、デイトレといえどもチャンスを逃さないよう「打診買い」を使い、とりあえずおさえるのが吉**です。その後の値動きを調べ、チャートや市場の強弱感を見つつ3回ぐらいに分けて買うのがいいでしょう。

人から「この銘柄はいいですよ」とすすめられたときも、まずは打診買いをするのがおすすめです。果たして本当に想定通りの動きをするか確かめるのです。「絶対に大丈夫」と思ったものが売られることが多々あるので、失敗が最小限で済みます。上がっても自分の力ではありません。損しなければそれでいいのです。

打診買いをする際も、「トータルで買う量」と「どういう状況になったら買うか」など、あらかじめおおよその方針を立てておきます。打診買いの後に下がってしまったら、2回目こそ「ここなら戻れる、想定通り」という位置で買わなければなりません。上がれば企業内容や市場の動向と比べながら押し目で買う感覚です。

私がよく打診買いをするのは、次ページ図のように、株価がボックスを突き抜け、戻ってきた後で下抜けしたときです。チャートテクニックからすれば、下に抜けたのですから買ってはいけないというところです。しかしその株式の内容がよいのであれば、一度上のボックスを上抜けして下がってきたら、板状況にもよりますが、打診し始めます。通常、こういうときは、チャートが崩れてテクニカル的には危ないのですが、上限をいちど超えているだけに、力はあるが目先の買いが多いから、下限を破ったら一気に投げが出ていちど反転する、ということが通常の市場では多いのです。さらに下がるならば損切りという判断もしますが、私の場合は「ここなら、いつかは戻る」という下限までとことん待ってから買い増しします。

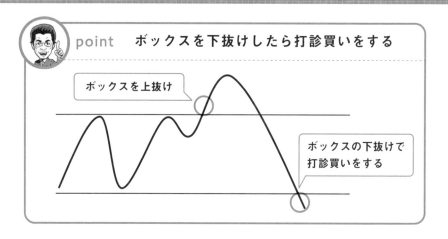

point　　ボックスを下抜けしたら打診買いをする

ボックスを上抜け

ボックスの下抜けで打診買いをする

　テクニカル買いの話のように、逆に打診買いで株価が上がったら長く持ち、どこまで上がるかを見定めましょう。上がるだろうと思ったときに買い増しして、売りたくなったら高く買ったほうを売ります。そうすると残ったものは単価が低く、効率よく動きます。私は基本的に押し目買いの買い上がり型なんですよね。

　買い増しするときは、日経平均をはじめ、相場環境が変化していないか確認してください。**金利の動向や政策の転換など、銘柄の価値に悪影響を及ぼすものがないかをチェックするのです。**カレンダーを見て、ポイントの日の動きに合わせるのもいいでしょう。

　さらに、**撤退するときの条件を決めておくことも大事です。**買ったときと条件が変わった場合に撤退するといった決め方もいいでしょう。

　たとえば、「オリンピックが始まれば株価が上がる」と考えて買ったにもかかわらず、実際に始まったら下がったときは思惑が外れたわけですから、すぐに撤退しなければなりません。

　買った理由は、わりと忘れがちです。**銘柄ごとに買った理由を記録する癖もつけてください。**私の場合、理由が変わったときにはとにかく持たないようにしています。簡単にいえば、市場関係者が「上がる」と言ったから買ったときに下がったら、それでも十分売りの要因となるんです。好業績や「売らない要因」を探したりしないでください。「買った要因」がずれたら売ります。

買い始めるときの注意点 point

| 1 | 毎回、勝負時と思わず、買う理由を自問する |
| 2 | 「今、注文を出さないといけないのか？」と自問する |

　失敗は必ずあります。しかし失敗を認めなければ、どこまで行っても取り戻せないことが多いのが、株式の世界です。失敗を認めるためには、買うときにしっかり理由づけをすること、そしてその間違いを探すことから始めましょう。「買った要因」の間違いを理解することが、次に進む一歩となるのです。そのためには、**「売らない要因」を探す**のではなく、**「買った要因」「行動した決め手」をはっきりさせておくこと**が大事です。

おわりに

　本書をここまでお読みいただき、ありがとうございます。

「はじめに」でもお話ししたように、株式投資についての本は書店に何百冊と並び、ネットやSNSでも「こうすれば成功できる！」という情報が溢れかえっています。そのなかで、**私の提唱する株の常識——相場の「主体者」と、その人たちの仕掛けと退出の「スケジュール」を知ること、そして、その考え方から来る「株式投資には時間の概念が必要」だということを身につけることのできる本書を選んでいただいたみなさんは、考え方に一定の変化が出始めると思います。**

　本書は「金儲けできる銘柄を当てたい」、あるいは「ブラックスワンが現われたときの対応方法を知りたい」といった方に向けたものではありません。大切なのは「将来的に何が変わらないかを読み取る」ということです。それは、わかっていてもなかなか現場では考えられないものでもあります。

　自分が買ったあとに株価を押し上げてもらって儲けるのか？——そう簡単にいかないとしても、「そういうことを戦略的に考えて」株式投資ができるのは、日本でもほんのひと握りに過ぎません。本書をお読みいただいたみなさんであれば、既にその土台に乗って（知って）いるということになります。

　本書でお話しした内容は、株式投資の「トリセツ」——いわば基礎中の基礎ではありますが、残念ながらこれを理解せずに株式投資にチャレンジして、残念な結果に至る投資家が非常に多いのです。けれど、**本書でお伝えしたノウハウを持ってすれば、投資家の上位数パーセントに一気に躍り出る優位性を持つ可能性がある、私はそう信じています。**

　みなさんはきっと、株式投資で成功したい、そのために勉強したいと考える、とても真面目な方であろうと想像しています。これまでさまざまな方法で勉強してきたのではないかなと思いますが、きっとそんなみなさんにとって、本書でお伝えした内容は地味で、普通の考え方であり、当たり前で常識的なことばかりです。しかし、他の本では得られない「新たな気づき」があったはず

ですし、本質的に勉強しなくてはならないものなのです。その学びを活かせば、真に株で勝てる人生を手に入れるチャンスを得られる可能性は高くなります。

　株式投資には、チャートやテクニカル分析などのテクニックがたくさん存在します。けれど最も大事なのは「売り買いの基本」であり、これを押さえなければ、「まず成功しない投資」になってしまいます。現に周りを見渡してみると、チャートだけで成功している投資家というのはほぼ存在しません。情報や勢いで億単位で勝てる例外はあります。しかし、**安定的に儲かる人はそれぞれの形で私の書いた「株の常識」を備えている投資家なのです。**

　あらゆる投資家に、均等に儲かるチャンスがあります。しかしうまくいっていない人は、どこかで迷子になっている状態。それは数学が苦手な人のように、いきなり各論から入ってしまい、市場全体を見渡すという基礎ができていない人がほとんどです。

　だから、この本で話してきた「主体の行動」についても、そこだけにこだわっているとそれも各論となってしまい、大成はしないと思います。しかし、彼らの動きを知ってほかに活かす、つまり「彼らの癖を知る」という基本は、「彼らが動く前に動く」という「先乗り」の発想です。そして自分が何を目的とした売買をしているのかを再確認することが大事です。この基礎に立ち返って再び売買を行えば、迷子状態から徐々に解放され、いつか大きな成功が訪れるでしょう。

　私は、株式投資は、「株の常識」で勝ってこそ本物だ、と考えています。お金をたくさん持っている人が株を買い上げるというのは、みなさんもおわかりかと思います。こういうことを考えて株を売り買いする、これが源太流の株式投資の真骨頂です。

　チャート分析は正しいのです。ですが、それを活かすにしても、小手先のテクニックで「騙し合い」をして勝ったところで、「その場面」がたまたま一致したということが多く、手間と労力のわりにさほど安定的に稼げませんし、ストレスもかかります。せっかく株式投資をするなら、ちびちび増やすのではなく、一気に「大相場に乗って」利益を伸ばして勝ちたいし、それが投資家のロマンではないでしょうか？　本書でお伝えした「株の常識」に基づいた方法な

ら可能性は高くなります——つまり**株の各種主体者の動きを覚え**、世界中の彼らの考え方を理解し、何を考え、何を目的にしているのかを理解して、同様のタイミングで投資し、周囲が「主体者が買っている」「強気だ」と感じて買いにきて、主体者の株価を後押ししてもらうという方法なら、勝ったあとに「やった！」「仕事した！」という爽快感すら覚えます。

　ここで重要なのは、主体者と投資家は協調関係にあるということです。外資や国内金融機関などは敵ではありません。同じ考えに立てば今後も手を組みたいと思えるでしょうし、理解をしていこうと思えるでしょう。だからこそ、彼らに銘柄を聞くだけで満足したくはないのです。

　だから「自分だけ勝てばいい」という考えは捨て去り、本書で得た知識を、周りの投資家のみなさんとぜひ共有してください。株式市場では、仲間が大きくなればなるほど、大きな力を持つのです。あなたが株で大きく成功したいのなら、この株の楽しさを、まずは体感していただければと思います。

　それに、株の常識を勉強すると、世界のことを知るのがとても楽しくなります。政治、経済、歴史、外交、企業分析——すべてがつながっていて、知れば知るほど楽しくなるばかりか、老後の不安も少しずつ解消されていくのですから、一石二鳥ですね。

　あなたは、充実して生きがいを持った人生を送りたいですか?——だとしたら、行動するべきときは、本書を読み終えた今、この瞬間なのです。

2024年7月吉日　大岩川源太

［著者］

大岩川源太（おおいわがわ・げんた）

1981年、大阪の老舗今川證券（現リテラ・クレア証券）入社。個人営業、株式ディーラー、事業法人・金融法人部門等を経験。1997年、今川證券を退社。1998年、ウェブサイト「ファイナンシャルスクウェア」を立ち上げると同時に、アセットレボリューションを設立。インターネットの投資顧問として先駆け的存在になる。その後、BS放送の「源太の即効投資戦略」（2004年10月〜2006年2月放送）のレギュラー司会を担当。「週刊オリラジ経済白書」などメディアに出演。独特の分析と口調は、日経マネーデジタル「大岩川源太の『株・1WEEK』」、日本証券新聞兜町ネット「大岩川源太の朝の一言」の連載などネットを中心に浸透。毎年制作している「源太カレンダー」は、プロ投資家の間で人気アイテムになっている。ラジオ日経のレギュラー番組は多数あり、「源太緑星株教室」（2022年1月放送終了）に出演のほか、その他の番組でもコメンテイターとして活躍していた。現在は日曜日朝8:45からラジオ日本の「深掘りマネー塾」で活躍中。

〈源太塾〉
https://www.gentajuku-service.site/

〈源太カレンダー〉
https://genta-calendar.site/

大岩川源太の株トレード基礎技術
——ワンランク上を目指す独習ガイド

2024年7月29日　第1刷発行

著　者——大岩川源太
イラスト——平戸三平
発行所——ダイヤモンド社
　　　　　〒150-8409　東京都渋谷区神宮前6-12-17
　　　　　https://www.diamond.co.jp/
　　　　　電話／03·5778·7235（編集）　03·5778·7240（販売）
装丁————松崎 理（yd）
編集協力——源太カレンダー製作委員会、ブランクエスト
製作協力——吉岡智子
製作進行——ダイヤモンド・グラフィック社
印刷————新藤慶昌堂
製本————本間製本
編集担当——田口昌輝